Spaß haben – selber machen

Tolle Sachen leicht zu machen mit FIMO® Modelliermasse

Text von Libby Nicholson
und Yvonne Lau
Illustrationen von Tracy Walker

Einleitung

Ich bin auf der karibischen Insel Antigua aufgewachsen. Die meiste Zeit verbrachte ich am Strand, wo ich Muscheln und Seegras sammelte oder um die Korallenriffe schnorchelte und den wunderschönen tropischen Fischen zusah. Oft segelten wir zwischen den anderen Karibikinseln und beobachteten Wale und Delphine. Die leuchtenden Farben der tropischen Blumen begeisterten mich ebenfalls. Sogar ein Marktbesuch mit meiner Mutter, um Mangos, Papayas und Ananas einzukaufen, war ein Abenteuer. Es kam mir immer wieder der Gedanke: Wäre es nicht toll, dies alles als Schmuck zu tragen?

Ich suchte ein Material, mit dem ich die Farben und Formen nachbilden konnte, die mich so begeisterten. Am Anfang versuchte ich es mit Silber, Keramik und Papiermaché, aber was ich wirklich brauchte, war ein glattes, geschmeidiges Material, das es in vielen bunten Farben gab und mit dem man plastisch arbeiten konnte. Fimo® Modelliermasse hat alle diese Eigenschaften.

Als ich anfing, mit Fimo® Modelliermasse zu arbeiten, konnte ich Korallen, Muscheln, Fische, Regenwaldpapageien, tropische Blumen, Marktfrüchte und vieles andere mehr nachbilden. Mein Kindheitstraum, die Natur als Schmuck zu tragen, war in Erfüllung gegangen.

Ich hoffe, dieses Buch wird dich nicht nur dazu ermutigen, schönen Schmuck anzufertigen, sondern dir auch helfen, deine eigene Kreativität zu entdecken und den Zauber der Farben zu erfahren.

Libby Nicholson

FARBEN DER MODELLIERMASSE

Du kannst die Farben der Modelliermasse nach eigenem Belieben wählen. Wenn du die gleichen Farben verwenden willst, die du auf den Abbildungen siehst, dann nimm die Farben, die am Anfang jeder Anleitung angeführt sind. Ist eine Nummer angegeben, wie z. B. Nr. 7 CARAMEL, so bezieht sich die Nummer und der Name auf eine Packung Fimo® Modelliermasse.

Die anderen Farben kannst du selbst aus den Farben der Fimo® Modelliermasse mischen. Hier ist eine Liste unserer Farben mit den Angaben, wie du sie mischst. Für SONNENGELB, zum Beispiel, nimmst du einen Teil Nr. 15 goldgelb und zweimal so viel Nr. 0 weiß und knetest die Stücke so lange zusammen, bis sie vollständig vermischt sind.

SONNENGELB
2 Teile Nr. 0 weiß
1 Teil Nr. 15 goldgelb

MANDARINE
2 Teile Nr. 0 weiß
4 Teile Nr. 1 gelb
1 Teil Nr. 2 rot
2 Teile Nr. 4 orange
1 Teil Nr. 29 karminrot

HELLMANDARINE
24 Teile Nr. 0 weiß
8 Teile Nr. 1 gelb
12 Teile Nr. 4 orange
1 Teil Nr. 29 karminrot

HELLROSA
4 Teile Nr. 0 weiß
1 Teil Nr. 21 magenta

MITTELROSA
2 Teile Nr. 0 weiß
1 Teil Nr. 21 magenta

DUNKELROSA
1 Teil Nr. 0 weiß
1 Teil Nr. 21 magenta

HAUTFARBEN
10 Teile Nr. 0 weiß
1 Teil Nr. 4 orange
1 Teil Nr. 21 magenta

SMARAGDGRÜN
1 Teil Nr. 0 weiß
2 Teile Nr. 5 grün
1 Teil Nr. 37 blau

TÜRKISGRÜN
1 Teil Nr. 0 weiß
2 Teile Nr. 38 blaugrün

HELLGRÜN
1 Teil Nr. 1 gelb
1 Teil Nr. 5 grün
1 Teil Nr. 7 caramel

AQUAGRÜN
3 Teile Nr. 0 weiß
2 Teile Nr. 5 grün
1 Teil Nr. 37 blau

PAPAGEIENGRÜN
3 Teile Nr. 0 weiß
1 Teil Nr. 34 marineblau
3 Teile Nr. 57 blattgrün

PAPAGEIENBLAU
1 Teil Nr. 0 weiß
1 Teil Nr. 6 violett
1 Teil Nr. 34 marineblau

LEBERBLÜMCHENBLAU
6 Teile Nr. 0 weiß
2 Teile Nr. 6 violett
1 Teil Nr. 34 marineblau

TÜRKISBLAU
1 Teil Nr. 0 weiß
1 Teil Nr. 32 türkis

HELLVIOLETT
12 Teile Nr. 0 weiß
10 Teile Nr. 6 violett
1 Teil Nr. 37 blau

MITTELVIOLETT
6 Teile Nr. 0 weiß
10 Teile Nr. 6 violett
1 Teil Nr. 37 blau

DUNKELVIOLETT
3 Teile Nr. 0 weiß
20 Teile Nr. 6 violett
3 Teile Nr. 37 blau

Tips

DAS ARBEITEN MIT DER MODELLIERMASSE

• Knete die Masse mit den Händen, damit sie warm und weich wird. Du kannst die Masse auch zu einer langen, dünnen Rolle formen, sie mehrmals umbiegen und dann wieder ausrollen, bis sie weich ist.

• Um Farben zu mischen, forme zuerst lange, dünne Rollen von jeder Farbe. Drehe sie zu einer Kordel zusammen, biege sie in der Mitte um, und drehe die Hälften wieder zusammen. Wiederhole diesen Vorgang, bis die Farben vermischt sind.

• Sollte die Modelliermasse trocken und bröselig geworden sein, gib farblose Masse (Nr. 01 transparent) dazu, um sie weicher zu machen. Am besten nimmst du einen Teil farblose Masse und vier Teile farbige Masse. Die farblose Masse verändert die Farben nicht. Du kannst auch Mix Quick® laut Gebrauchsanweisung verwenden.

• Um die Modelliermasse zu einer glatten Fläche auszurollen, knete sie zuerst weich. Verwende ein Nudelholz und eine Arbeitsfläche, auf der die Modelliermasse keine Farbflecken zurücklassen kann. (Frage zuerst einen Erwachsenen!) Eine saubere, glatte Oberfläche, wie ein Glastisch, eine Küchenarbeitsplatte oder eine andere Kunststoffoberfläche, wäre gut geeignet.

• Wickle übriggebliebene Reste der Modelliermasse in Plastikfolie ein, und hebe sie geschützt vor direkter Sonnenbestrahlung und Hitze auf.

PERLEN FORMEN

Nimm für jede Perle ein Stück Modelliermasse, und rolle sie zu einer glatten Kugel. Stecke eine Stricknadel bis zur Mittel der Kugel, ziehe sie heraus, und stecke sie dann von der anderen Seite hinein, um das Loch fertigzumachen. Während die Kugel noch auf der Nadel sitzt, forme sie mit den Fingern so rund wie möglich. Um die Nadel herauszuziehen, halte die Kugel in der einen Hand, und drehe die Nadel mit der anderen.

MENGENANGABEN

Du kannst die Schmuckstücke in jeder beliebigen Größe anfertigen. Wenn du sie in der Größe der Abbildungen haben möchtest, verwende die Mengenangaben, die in den „DU BRAUCHST"-Listen angeführt sind. Hier sind die Größen:

Pfefferkorn *Erbse* *kleine Murmel* *große Murmel* *Tischtennisball*

HALSKETTEN-SCHLINGEN ANFERTIGEN

Nimm ein Stück Modelliermasse in der Größe einer kleinen Murmel, und forme eine 6 cm lange und 0,5 cm dicke Rolle. Spitze die Enden zu, biege die Rolle um, und drücke die Spitzen zusammen, um eine Schlinge zu formen. Drücke die verbundenen Enden auf die Rückseite eines Musterstückes. Gib acht, daß die Schlinge groß genug ist, um zwei Schnurstränge durchzulassen.

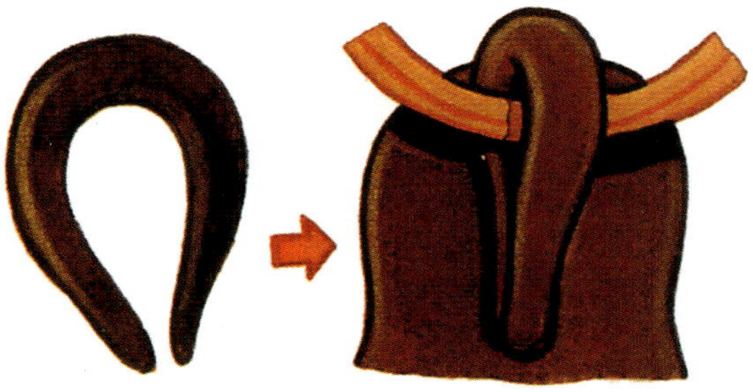

SCHNURABSCHLÜSSE FORMEN

- Du kannst jede beliebige Schnurart verwenden. Wir nehmen immer Satinschnur, weil es sie in so vielen verschiedenen Farben gibt. Entscheide dich, wie lang die Halskette werden soll, und schneide ein Stück Schnur in der doppelten Länge ab.
- Nimm Modelliermasse in der Größe einer kleinen Murmel, und drücke sie mit den Fingern zu einem dünnen, 8 cm langen und 1,5 cm breiten Streifen. Nimm die beiden Enden der Schnur, und wickle den Streifen Modelliermasse um die losen Enden, um sie so zu verbinden. Forme die Modelliermasse um die Schnurenden zu einer glatten Kugel, und backe sie samt Schnur.

HALSKETTEN AUFFÄDELN

Fädle die gebackenen Figuren und Perlen wie auf den Abbildungen im Buch auf die Schnur. Du kannst sie auch anders anordnen, ganz wie es dir gefällt. Verknote das Ende der Schnur zu einer Schlinge, durch die du den Schnurabschluß ziehen kannst. Gib die Figuren in die Mitte der Schnur, und mache neben den Perlen auf jeder Seite einen Knoten, damit die Stücke nicht verrutschen.

BACKEN

ACHTUNG!
BACKE DIE STÜCKE LAUT GEBRAUCHSANWEISUNG!

- Lege ein Stück Alufolie auf das Backblech.
- Backrohrtemperaturen können verschieden sein. Wenn sich die Stücke nach dem Auskühlen in der Farbe verändert haben, war die Backröhre zu heiß. Wenn die Stücke brechen, war die Backröhre nicht heiß genug.
- Du kannst die Figuren mit zusammengeknüllter Aluminiumfolie unterlegen, damit sich die Form nicht verändert.

SCHMUCKTEILE BEFESTIGEN

- Wir haben die besten Ergebnisse mit Zweikomponentenklebstoff erzielt, aber du kannst jeden anderen Klebstoff verwenden, der für Kunststoff geeignet ist.
- Klebe Ohrstecker, Klipse und Broschennadeln immer auf glatte Flächen.
- Wenn du Hängeohrringe machst, drücke die Verbindungsringe für die Ohrhänger mit einer Spitzzange/Flachzange zu.

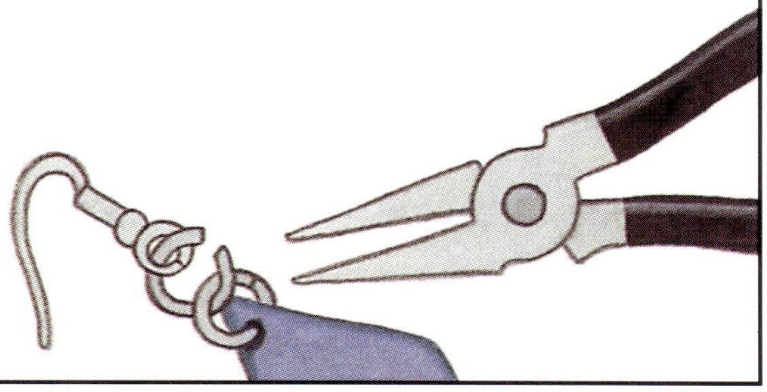

Kapitel eins

FIGUREN AUS KEKSFORMEN

Die Figuren in diesem Kapitel werden alle mit Keksformen ausgestochen. Probiere diese Vorschläge aus, und verwende dann andere Keksformen, um deinen eigenen einmaligen Schmuck anzufertigen.

Stern-Ohrringe

DU BRAUCHST

MODELLIERMASSE

Nr. 29 KARMINROT
(ein Stück in der Größe eines Tischtennisballs)

eine kleine sternförmige Keksform
vier 7-mm-Verbindungsringe
zwei Ohrhänger
Nudelholz, Küchenmesser
große Nähnadel
Backblech, Spitzzange/Flachzange

1 Rolle die Modelliermasse mit dem Nudelholz zu einem 0,3 cm dicken Blatt aus. Stich mit der Keksform zwei Sterne aus, und glätte die Blätter.

2 Stich mit der Nähnadel durch je eine Spitze der beiden Sterne, um die Verbindungsringe durchstecken zu können.

3 Lege die Sterne auf das Backblech, und backe sie laut Gebrauchsanweisung. Sind die Sterne ausgekühlt, kannst du die Verbindungsringe durch den Ohrhänger und den Stern stecken und sie mit einer Spitzzange/Flachzange zusammendrücken.

WEITERE VORSCHLÄGE

Stich Figuren mit Keksformen deiner Wahl aus. Kombiniere verschiedene Farben und Formen, um Ohrringe, Broschen, Halsketten und andere Schmuckstücke oder Figuren anzufertigen. Du kannst die Formen mit Verbindungsringen aneinander reihen. Um einen Metallglanz zu erhalten, trage Metallic-Pulver® auf die Schmuckstücke auf, härte sie im Backofen, und nach dem Erkalten lackiere sie.

Lebkuchenmann-Halskette

DU BRAUCHST

MODELLIERMASSE

Nr. 7 CARAMEL
(eine große und vier kleine Murmeln)

Nr. 0 WEISS
(eine kleine Murmel)

SMARAGDGRÜN
(ein Stück in der Größe einer Erbse und zwei kleine Murmeln)

Nr. 29 KARMINROT
(drei Stücke in der Größe eines Pfefferkorns und zwei kleine Murmeln)

---

eine kleine Lebkuchenmann-Keksform

125 cm hellbraune Satinschnur

4-mm-Stricknadel

Nudelholz, Küchenmesser, Backblech

1 Rolle das große Stück caramelfarbene Modelliermasse mit dem Nudelholz zu einem 0,3 cm dicken Blatt aus. Stich mit der Keksform einen Lebkuchenmann aus, und glätte die Ränder.

2 Lege drei Punkte der weißen Masse für die Schritte 4 und 5 beiseite. Forme aus dem Rest der weißen Murmel eine ca. 15 cm lange, dünne Rolle. Lege die Rolle rund um den Lebkuchenman. Drücke sie leicht an der Figur fest.

3 Für die Knöpfe mache drei kleine Kugeln aus der grünen Modelliermasse, und drücke sie mit den Fingern flach. Drücke die drei grünen Knöpfe in einer Reihe auf die Mitte des Lebkuchenmannes. Mache drei kleinere Knöpfe aus der roten Masse, und drücke sie auf die grünen Knöpfe.

4 Für die Augen folge der Anleitung in Punkt 3. Nimm weiße Kugeln mit kleinen grünen Kugeln in der Mitte.

5 Für den Mund forme die letzte kleine weiße Kugel zu einem dünnen Strich, und bringe ihn, wie abgebildet, im Gesicht an.

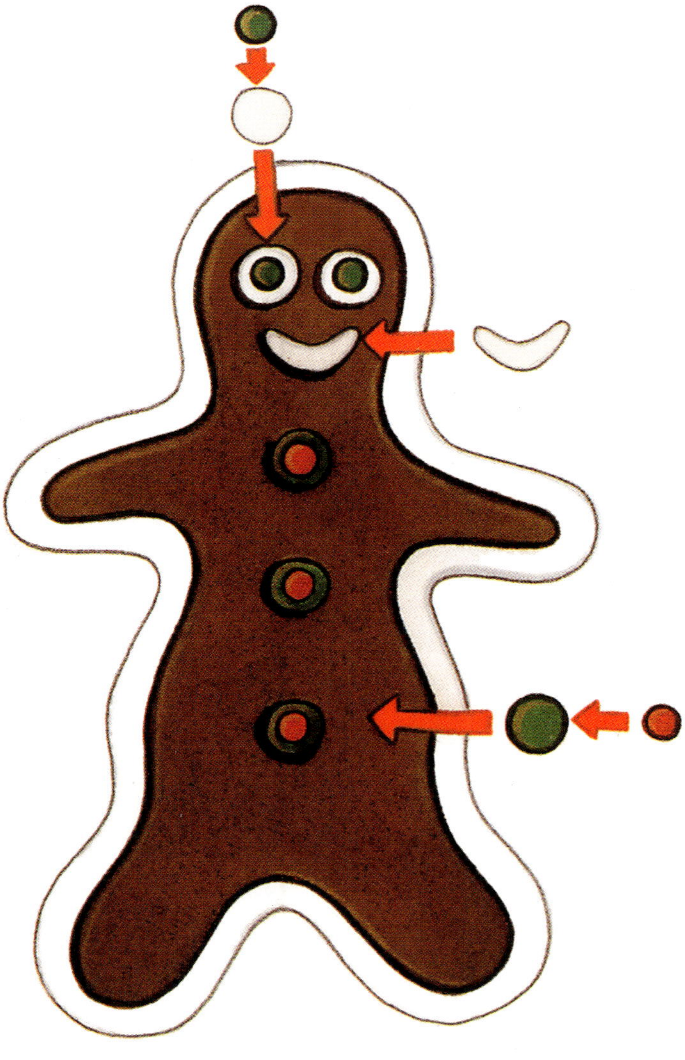

6 Für die Halsketten-Schlinge nimm eine kleine Murmel braune Masse, und folge der Anleitung auf Seite 7.

7 Für die Perlen siehe Seite 6. Du solltest je zwei Perlen aus brauner, roter und grüner Farbe anfertigen.

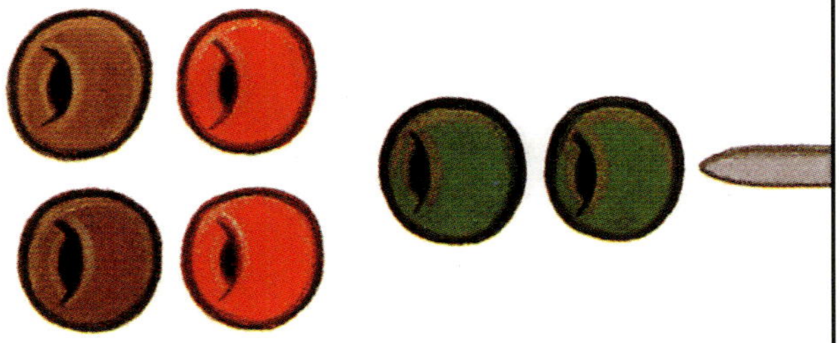

8 Für den Schnurabschluß verwende die letzte braune Murmel, und folge der Anleitung auf Seite 7.

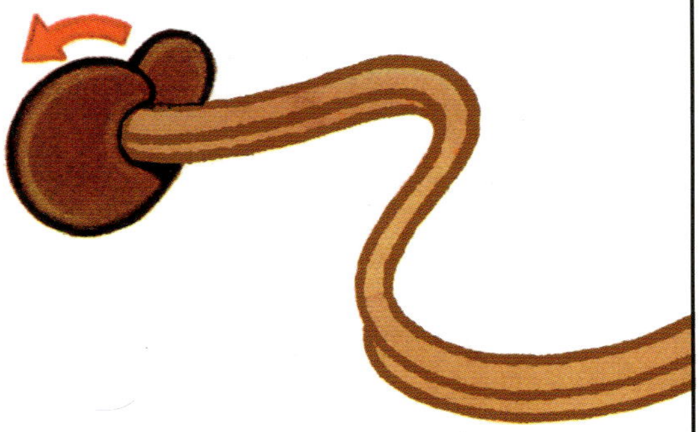

9 Lege die fertigen Stücke auf das Backblech, und backe sie laut Gebrauchsanweisung. Sind die Stücke ausgekühlt, kannst du sie anhand der Tips von Seite 7 zu einer Halskette auffädeln.

Christbaum-Brosche

DU BRAUCHST

MODELLIERMASSE

SMARAGDGRÜN *(eine kleine Murmel)*

Nr. 29 KARMINROT
(ein Stück in der Größe einer Erbse)

SONNENGELB *(eine kleine Murmel)*

Nr. F20 LEUCHTEND ROSA
(fünf Stücke in der Größe eines Pfefferkorns)

Nr. 0 WEISS *(ein Stück in der Größe einer Erbse)*

---

eine kleine Christbaum-Keksform

eine Broschennadel

Nudelholz, Küchenmesser, Backblech

Zweikomponentenklebstoff

1 Rolle die grüne Modelliermasse mit dem Nudelholz zu einem 0,3 cm dicken Blatt aus. Stich mit der Keksform einen Baum aus, und glätte die Ränder.

2 Lege ein Viertel der roten Masse für Schritt 4 beiseite. Forme den Rest zu einer dünnen Rolle, und lege sie als Girlande auf den Baum.

3 Forme je fünf Punkte aus der gelben und der rosa Modelliermasse, und drücke sie auf den Baum.

4 Für die Zuckerstange formst du je eine rote und eine weiße dünne Rolle und drehst sie ineinander. Schneide ein etwa 2 cm langes Stück ab, und biege ein Ende, wie abgebildet, um. Lege die Stange auf den Baum.

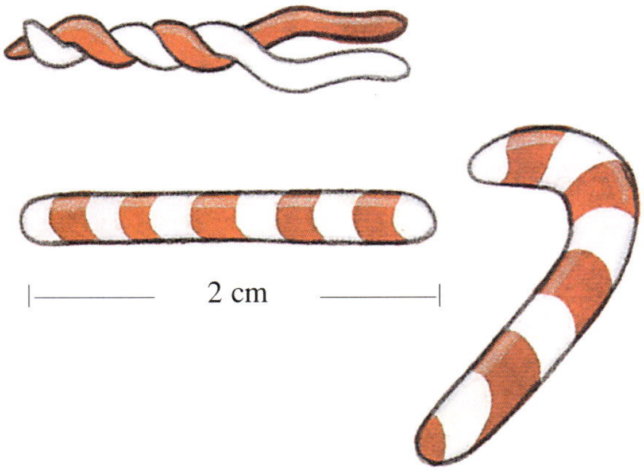

5 Für den Stern forme die gelbe Masse zu einer 0,3 cm dicken Scheibe mit einem Durchmesser von etwa 2 cm. Falls du den Stern nicht mit einer kleinen Keksform ausstechen willst, kannst du, wie abgebildet, fünf Keile mit dem Messer herausschneiden. Glätte die Sternränder, und befestige den Stern an der Baumspitze.

6 Lege den Christbaum auf das Backblech, und backe ihn laut Gebrauchsanweisung. Ist der Baum ausgekühlt, klebe die Broschennadel auf die Rückseite.

Erdbeer-Ohrringe

DU BRAUCHST

MODELLIERMASSE

Nr. 29 KARMINROT
(ein Stück in der Größe eines Tischtennisballs)

SONNENGELB
(ein Stück in der Größe einer Erbse)

SMARAGDGRÜN *(eine große Murmel)*

HELLGRÜN *(eine kleine Murmel)*

Nr. 0 WEISS
(zwei Stücke in der Größe einer Erbse)

---

eine kleine, herzförmige Keksform

vier 7-mm-Verbindungsringe

zwei 7-mm-Ohrstecker oder
zwei 15-mm-Ohrklipse

Nudelholz, Küchenmesser, große Nähnadel

Backblech, Zweikomponentenklebstoff

Spitzzange/Flachzange

1 Rolle die rote Modelliermasse mit dem Nudelholz zu einem 0,3 cm dicken Blatt aus. Stich mit der Keksform zwei Herzen aus.

2 Glätte die Ränder der Herzen. Mache die Spitzen rund, damit die Stücke wie Erdbeeren aussehen.

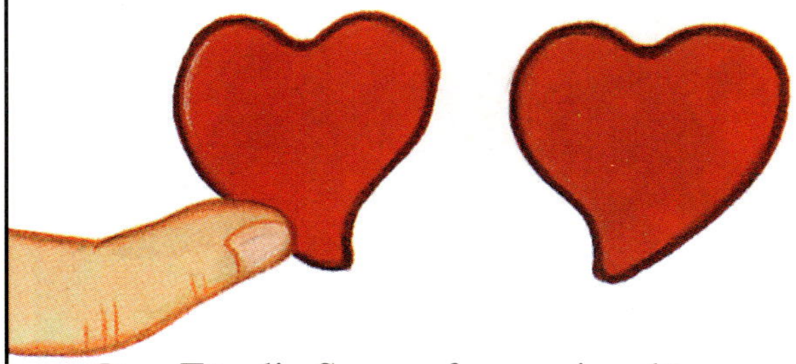

3 Für die Samen forme eine dünne regelmäßige Rolle aus der gelben Masse, und schneide sechzehn pfefferkorngroße Stücke ab. Mache aus jedem Stück einen dünnen, spitzen Samen, und drücke acht Samen auf jede Erdbeere.

4 Für die Stengel forme eine kurze Rolle aus einem kleinen Stück der smaragdgrünen Masse. Schneide sie in die Hälfte, und befestige je ein Stück an der Rückseite einer Erdbeere. Stich mit der Nähnadel durch jeden Stengel, damit du die Verbindungsringe später durchstecken kannst.

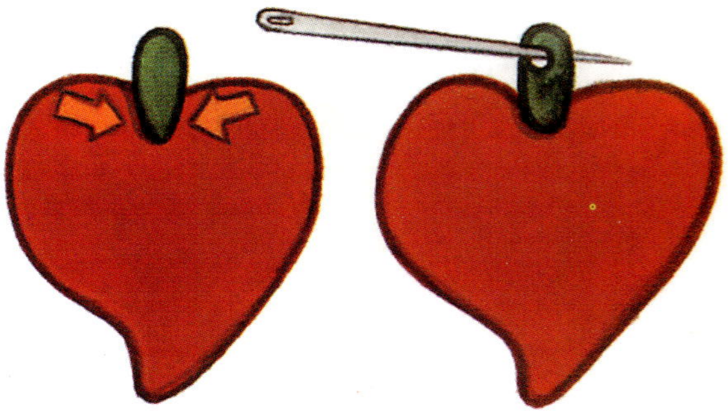

5 Für die Blätter forme die smaragdgrüne und die hellgrüne Masse zu zwei Rollen mit einem Durchmesser von je 1,5 cm. Schneide sechs Scheiben der smaragdgrünen und vier Scheiben der hellgrünen Rolle ab, je 0,3 cm dick. Ritze mit dem Messer einen Strich in die Mitte jedes Blattes.

6 Schneide zwei kleine Schlitze in beide Seiten von vier smaragdgrünen und zwei hellgrünen Blättern. Biege die Blätter entlang der Mittellinie leicht nach innen. Drücke die Blätter, wie abgebildet, auf den oberen Rand der Erdbeeren.

7 Für die Blüten forme aus den beiden Stücken der weißen Masse zwei kleine Scheiben. Biege die Scheibenränder leicht zur Mitte, und drücke das obere Ende zusammen. Befestige beide Blüten in der Mitte der Blätter.

8 Mit den restlichen Blättern stellst du die Auflagen für die Ohrstecker her. Ritze seitliche Striche auf die Blätter, wie abgebildet, und biege dann die Blätter entlang der Mittellinie leicht nach innen. Lege ein hellgrünes Blatt leicht versetzt auf ein smaragdgrünes Blatt, und drücke die unteren Enden zusammen. Stich ein kleines Loch für die Verbindungsringe durch jedes Blattpaar.

9 Lege die Stücke auf das Backblech, und backe sie laut Gebrauchsanweisung. Sind die Stücke ausgekühlt, verbinde jede Erdbeere mit einem Blattpaar, und drücke die Verbindungsringe mit einer Spitzzange/Flachzange zu. Klebe einen Ohrstecker oder einen Ohrklips auf die Rückseite jedes Blattpaares.

Kapitel zwei

ARBEITEN MIT SCHABLONEN

Fertige ein Muster an, schneide die Modelliermasse aus, und arbeite die Details aus. Und schon hast du wieder tolle Figuren angefertigt. In diesem Kapitel entdeckst du, wie leicht es ist, mit Schablonen Ohrringe, Haarspangen, Halsketten und anderes zu machen.

Wassermelonen-Ohrringe

DU BRAUCHST

MODELLIERMASSE

DUNKELROSA *(eine große Murmel)*
AQUAGRÜN *(eine kleine Murmel)*
SMARAGDGRÜN *(eine kleine Murmel)*
Nr. 71 BRONZE
(ein Stück in der Größe einer Erbse)

zwei 7-mm-Ohrstecker oder
zwei 15-mm-Ohrklipse
weißes Papier
Schere, Bleistift, Nudelholz, Küchenmesser
Backblech, Zweikomponentenklebstoff

1 Pause den Kreis ab oder fotokopiere ihn, und schneide ihn aus.

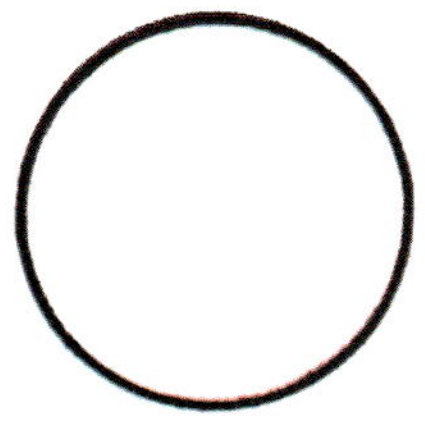

2 Rolle die rosa Masse mit dem Nudelholz zu einem ca. 0,3 cm dicken Blatt aus.

3 Lege die Schablone auf die rosa Modelliermasse, und schneide mit dem Messer um sie herum.

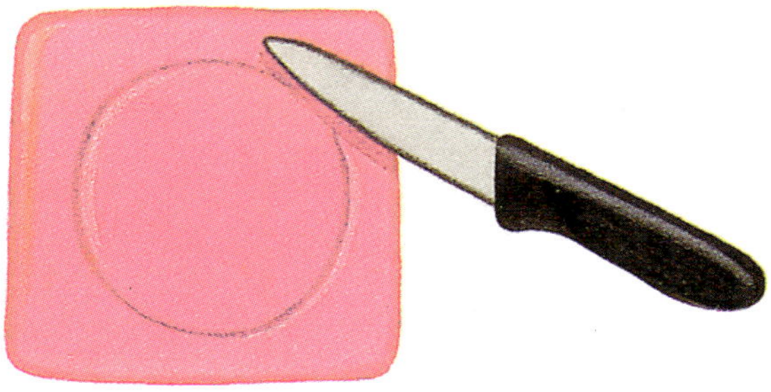

4 Forme aus der aquagrünen und der smaragdgrünen Masse je eine Rolle von ca. 12,5 cm Länge. Die smaragdgrüne Rolle sollte etwas dicker sein als die aquagrüne.

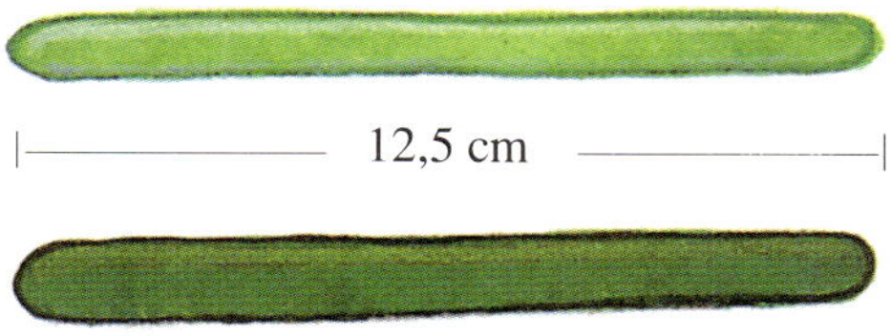

5 Lege die aquagrüne Rolle rund um die rosa Scheibe und die smaragdgrüne Rolle außen herum.

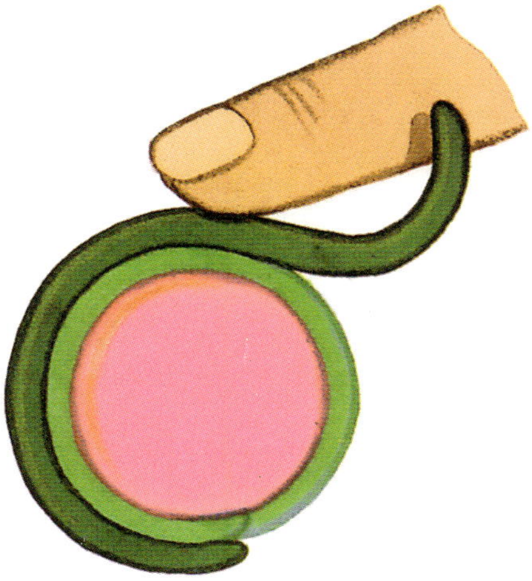

6 Drücke mit der Handfläche auf die Modelliermasse, um die Einzelteile zusammenzufügen, aber paß gut auf, daß die Kreisform erhalten bleibt. Schneide die Scheibe entzwei, und glätte die Ränder. Ritze mit dem Messer fünf Striche in die rosa Masse, wie abgebildet.

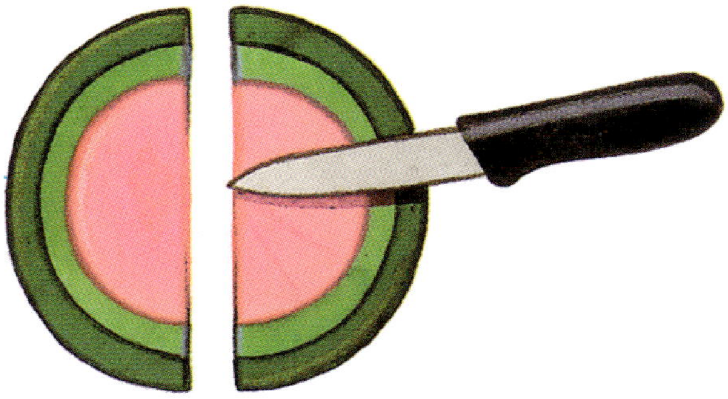

7 Für die Samen forme die bronzefarbene Masse zu einer dünnen Rolle, und schneide acht Stücke ab. Mache aus jedem Stück einen dünnen, spitzen Samen, und drücke vier Samen auf jede Wassermelonenhälfte.

8 Lege die Wassermelonen auf das Backblech, und backe sie laut Gebrauchsanweisung. Sind die Wassermelonen ausgekühlt, klebe einen Ohrstecker oder einen Ohrklips auf die Rückseite.

Elefanten-Ohrringe

DU BRAUCHST

MODELLIERMASSE

TÜRKISGRÜN
(ein Stück in der Größe eines Tischtennisballs)

MITTELVIOLETT
(ein Stück in der Größe eines Tischtennisballs)

---

weißes Papier

vier 7-mm-Verbindungsringe

zwei Ohrfedern, eine 4-mm-Stricknadel

Nudelholz, Küchenmesser, Schere

Bleistift, große Nähnadel, Backblech

Spitzzange/Flachzange

1 Pause den Elefanten und den Kreis ab oder fotokopiere sie, und schneide sie aus.

2 Rolle die violette und die grüne Modelliermasse mit dem Nudelholz ca. 0,3 cm dick aus.

3 Lege die Elefanten- und die Kreisschablone auf die violette Modelliermasse, und schneide mit dem Messer um sie herum. Drehe die Elefantenschablone auf die andere Seite. Lege sie und die Kreisschablone auf die grüne Modelliermasse, und schneide um sie herum. Glätte alle Ränder, und lege die kreisförmigen Stücke beiseite.

4 Für die Stoßzähne verwende je ein erbsengroßes Stück der violetten und der grünen Masse. Forme aus jedem Stück eine Rolle, und spitze jeweils ein Ende zu. Biege die Rolle etwas, und bringe den grünen Zahn auf dem violetten Elefanten und den violetten Zahn auf dem grünen Elefanten an.

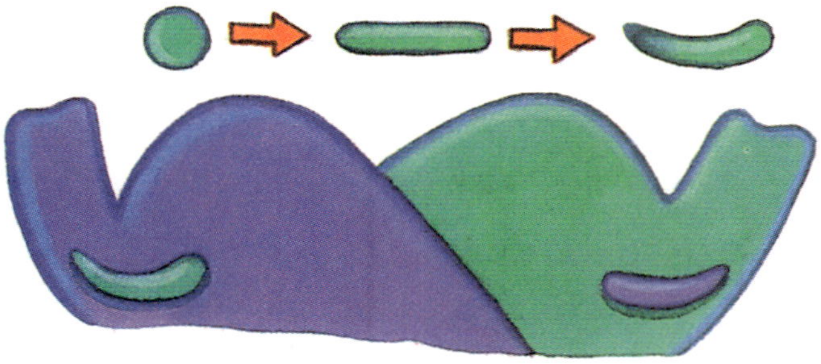

5 Für die Ohren forme die kreisförmigen Stücke zu flachen Ovalen. Gib das violette Ohr über den Stoßzahn des violetten Elefanten und das grüne Ohr über den Stoßzahn des grünen Elefanten. Drücke leicht auf den vorderen Teil des Ohres, und hebe den hinteren Teil etwas an, damit es plastisch aussieht.

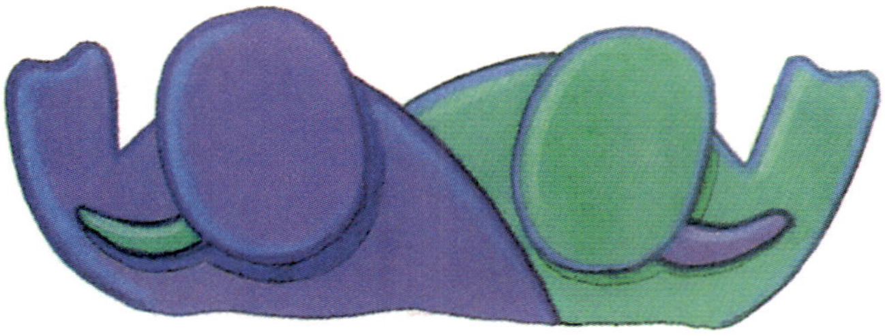

6 Für die Augen nimm je eine kleine Kugel violette und grüne Modelliermasse. Forme aus jeder Kugel ein flaches, rundes Auge mit einem Durchmesser von ca. 0,5 cm. Lege das violette Auge so auf den grünen Elefanten, daß es über dem Ohrrand liegt. Lege das grüne Auge in gleicher Weise auf den violetten Elefanten. Für die Mitte der Augen verwende einen großen grünen und einen großen violetten Punkt, wie abgebildet.

7 Für die Schwänze forme je ein kleines Stück violette und grüne Masse, wie auf der Abbildung zu sehen ist, und befestige den violetten Schwanz am grünen Elefanten und den grünen Schwanz am violetten Elefanten.

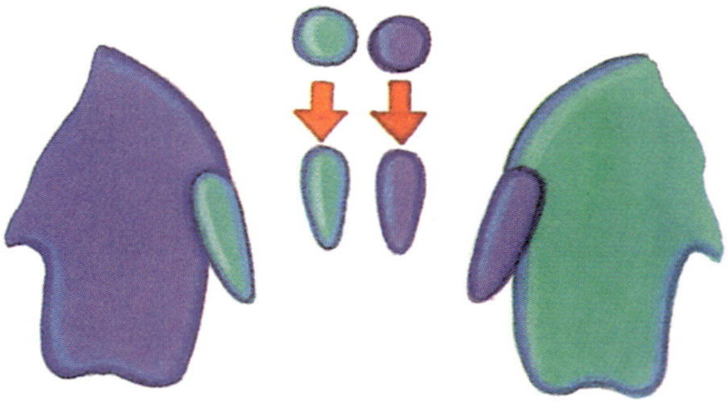

8 Ritze mit dem Messer Striche auf die Schwänze, wie abgebildet. Teile die Beine jedes Elefanten mit einem Strich. Ritze für die Zehen kleine Striche in die Füße. Mache kleine Striche auf den Rüsseln der Elefanten. Mit der Stricknadel kannst du die Rüssel anheben und biegen. Mit der Nähnadel machst du hinter jedem Elefantenohr ein Loch für die Verbindungsringe.

9 Lege die fertigen Stücke auf das Backblech, und backe sie laut Gebrauchsanweisung. Sind die Stücke ausgekühlt, bringe auf jedem Elefanten mit einer Spitzzange/Flachzange einen Verbindungsring und einen Ohrstecker an.

Vorschläge für Tierschablonen

Es ist leicht, lustige und toll aussehende Schmuckstücke mit Tierfiguren anzufertigen.
Folge diesen Anleitungen, und hole dir auch Anregungen aus einem Tierlexikon.

1 Pause das gewünschte Tier ab oder fotokopiere es. Schneide das Tier aus, und du hast eine Schablone.

2 Rolle die Modelliermasse mit dem Nudelholz 0,3 cm dick aus.

3 Lege die Schablone auf die Modelliermasse, und schneide mit einem Küchenmesser um sie herum. Glätte die Ränder.

4 Füge die hier abgebildeten Dekorationen hinzu, oder verziere deine Schmuckstücke nach eigenen Vorstellungen. Wenn du eine Halskette anfertigst, bringe eine Schlinge an, und mache passende Perlen und Schnurabschlüsse (siehe Seiten 6 und 7).

5 Backe die Schmuckstücke laut Gebrauchsanweisung. Klebe eine Broschennadel oder Haarspange darauf, oder fädle die Tierfigur und die Perlen auf eine Schnur auf.

TINTENFISCH-HALSKETTE

DU BRAUCHST
MODELLIERMASSE:

DUNKELROSA
(ein Stück in der Größe eines Tischtennisballs)

SONNENGELB *(eine kleine Murmel)*

TÜRKISGRÜN *(ein Stück in der Größe einer Erbse)*

(Für die Perlen, den Schnurabschluß und die Schlinge für die Halskette brauchst du noch etwas mehr Modelliermasse – siehe Seiten 6 und 7.)

Für die Punkte auf dem Tintenfisch schneide pfefferkorngroße Stücke aus der gelben Masse. Rolle diese zu einer Kugel, drücke sie etwas flacher, und lege sie dann auf die Fangarme des Tintenfisches. Forme zwei grüne Punkte für die Augen und eine grüne Linie für den Mund, und bringe sie, wie abgebildet, auf dem Kopf an.

KROKODIL-HAARSPANGE

DU BRAUCHST

MODELLIERMASSE

Nr. 29 KARMINROT
(ein Stück in der Größe eines Tischtennisballs)

TÜRKISGRÜN *(eine kleine Murmel)*

SONNENGELB *(eine kleine Murmel)*

Für die Schuppen auf dem Rücken des Krokodils schneide und forme kleine Dreiecke aus der grünen Masse, und lege sie auf das Krokodil. Die Nasenlöser sind kleine Punkte der grünen Masse auf etwas größeren gelben Punkten. Für die Augen brauchst du zwei und für die Zehen zwölf gelbe Punkte. Schneide noch zwei grüne Dreiecke für die Zähne aus. Damit das Krokodil gut auf die Haarspange paßt, drücke es auf die Spange, und backe sie miteinander. So bekommt die Tierfigur die richtige Form. Vergiß jedoch nicht, sie nachher noch zusammenzukleben.

DINOSAURIER-BROSCHE

DU BRAUCHST

MODELLIERMASSE:

AQUAGRÜN
(ein Stück in der Größe eines Tischtennisballs)

Nr. 29 KARMINROT
(ein Stück in der Größe einer Erbse)

MITTELVIOLETT *(eine kleine Murmel)*

Drücke einen Punkt der roten Masse als Auge auf den Kopf des Dinosauriers. Forme elf winzige Rollen, eine für das Maul und zehn für die Zehen. Für die Verzierung des Dinosauriers schneide pfefferkorngroße Stücke aus der violetten Masse, und forme sie zu kleinen Kugeln. Verziere den Dinosaurier nach Belieben damit.

Kapitel drei

MARMORIEREN

Durch das Marmorieren oder Zusammenmischen von Farben kannst du Blumen, Vögel und Fische herstellen. Buntgestreifte Zuckerstangen oder Bänder sehen lustig aus und sind leicht zu machen, wenn du marmorieren kannst.

Zuckerstangen-Ohrringe

DU BRAUCHST

MODELLIERMASSE

Nr. 29 KARMINROT
(eine große Murmel und ein Stück in der Größe einer Erbse)

Nr. 0 WEISS *(eine große Murmel)*

SMARAGDGRÜN
(eine große Murmel und zwei Stücke in der Größe einer Erbse)

---

zwei 7-mm-Ohrstecker oder zwei 15-mm-Ohrklipse

vier 7-mm-Verbindungsringe

Küchenmesser, große Nähnadel, Backblech

Zweikomponentenklebstoff

Spitzzange/Flachzange

1 Forme aus der roten und der weißen Murmel je eine Rolle mit ca. 0,5 cm Durchmesser. Lege sie Seite an Seite, und drehe sie ineinander. Rolle sie zu einer etwa 10 cm langen Stange, und schneide sie in die Hälfte. Mache die Enden spitz, und biege jedes Stück in die Form eines Spazierstocks.

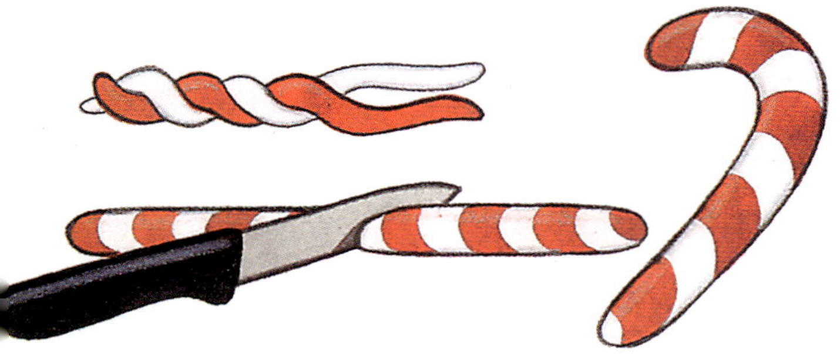

2 Für die Schleifen forme das erbsengroße Stück grüne Masse zu einer langen, dünnen Rolle. Schneide zwei ca. 7,5 cm lange Stücke ab. Wickle jeweils ein Stück um eine Zuckerstange, und mache eine Schleife, wie abgebildet. Aus einem Teil der restlichen roten Masse forme zwei kleine Kugeln, und drücke sie auf die Mitte der Schleifen.

3 Stich mit der Nähnadel durch das obere Ende jeder Zuckerstange, um die Verbindungsringe durchstecken zu können.

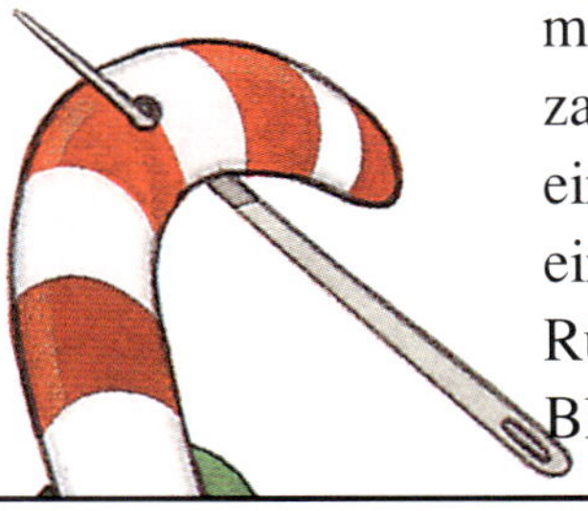

4 Für die Blattauflagen formst du eine etwa 0,5 cm dicke Rolle und schneidest sie in sechs Stücke. Mache daraus Blätter, und ritze mit dem Messer Striche, wie abgebildet. Drücke die Blätter an einem Ende zusammen, und biege sie entlang der Mittellinie leicht nach innen.

5 Füge je drei Blätter zusammen, und stich mit der Nähnadel durch das untere Ende. Forme sechs kleine rote Kugeln für die Beeren, und bringe drei Beeren auf jeder Blattgruppe an.

6 Lege die Stücke auf das Backblech, und backe sie laut Gebrauchsanweisung. Sind die Stücke ausgekühlt, verbinde jede Stange durch einen Verbindungsring mit einer Blattauflage, und drücke die Verbindungsringe mit einer Spitzzange/Flachzange zusammen. Klebe einen Ohrstecker oder einen Ohrklips auf die Rückseite jeder Blattauflage.

Tropenfisch-Halskette

DU BRAUCHST

MODELLIERMASSE

SONNENGELB
(drei kleine Murmeln)

MITTELROSA
(vier kleine Murmeln)

AQUAGRÜN
(drei kleine Murmeln)

TÜRKISBLAU
(zwei kleine Murmeln)

MITTELVIOLETT
(eine kleine Murmel)

---

125 cm türkisblaue Satinschnur

eine 4-mm-Stricknadel

Küchenmesser, Backblech

1 Lege eine kleine Kugel blaue Masse und eine noch kleinere Kugel violette Masse beiseite. Mache in allen fünf Farben aus einer kleinen Murmel eine 5 cm lange Rolle mit 0,5 cm Durchmesser. Ordne die Rollen wie abgebildet. Lege die violette Rolle für die Schwanzflosse beiseite.

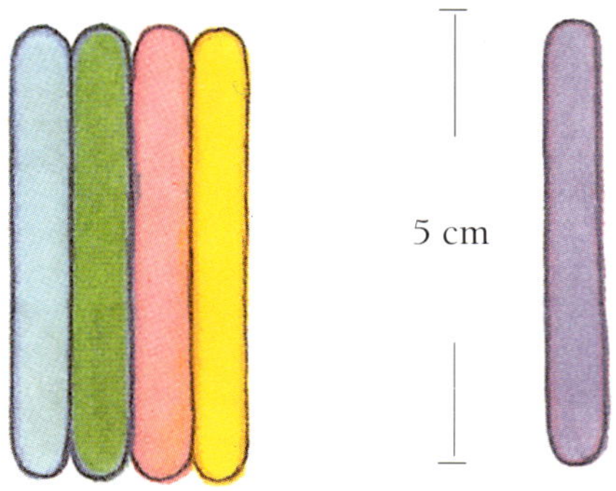

2 Schneide, wie abgebildet, ein Dreieck aus den Rollen mit gelb oben und blau unten.

3 Drücke mit der Handfläche auf das Dreieck, damit die Farben aneinanderhaften. Forme das Dreieck, wie abgebildet, zu einem Tropenfisch.

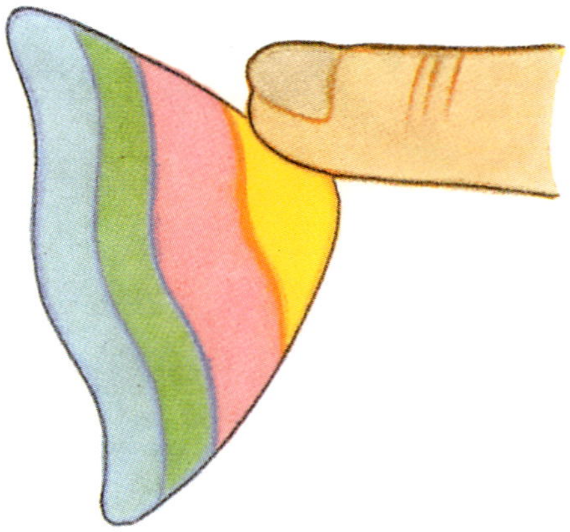

4 Für die Schwanzflosse mache die Enden der violetten Rolle spitz. Biege die Rolle zu einem V, und drücke dieses in der Mitte für den Schwanzansatz zusammen. Forme die Schwanzflosse, wie abgebildet, und drücke beide Seiten flach. Lege die Schwanzflosse unter die Mitte des blauen Streifens des Fisches, und drücke beide Teile fest zusammen.

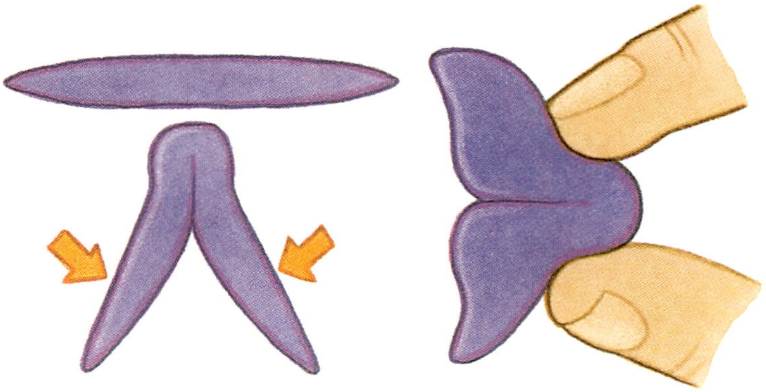

5 Für das Auge nimm die Stücke, die du in Schritt 1 beiseite gelegt hast. Forme eine kleine Scheibe für den Augenrand und einen violetten Punkt für die Mitte. Lege sie, wie abgebildet, auf den rosa Streifen. Schneide für das Maul einen kleinen Schlitz in den gelben Streifen. Damit der Fisch plastisch wirkt, lege ihn mit der Oberseite nach unten auf deine Handfläche, und drücke leicht auf seine Mitte.

6 Nimm blaue Modelliermasse für die Halskettenschlinge, und fertige sie, wie auf Seite 7 beschrieben, an.

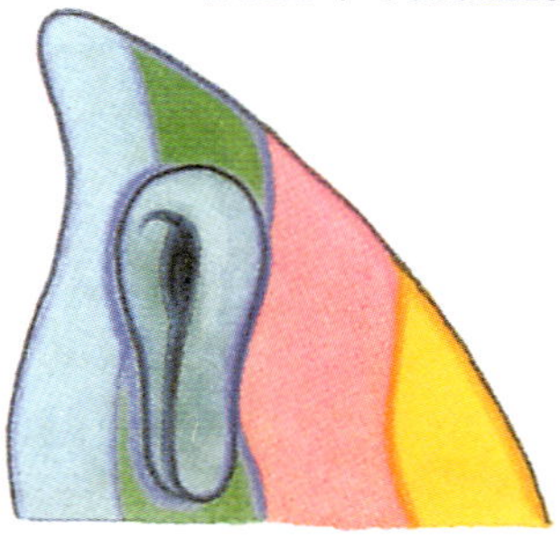

7 Mache die Perlen wie auf Seite 6 beschrieben. Fertige je zwei Perlen aus gelber, rosa und grüner Masse an.

8 Nimm rosa Modelliermasse für den Schnurabschluß, und mache ihn wie auf Seite 7 beschrieben.

9 Lege die fertigen Stücke auf das Backblech, und backe sie laut Gebrauchsanweisung. Sind die Stücke ausgekühlt, kannst du sie auffädeln. Tips für das Auffädeln findest du auf Seite 7.

WEITERE VORSCHLÄGE

Mache einen Seestern und eine Muschel (siehe Seite 39), bringe Schlingen an, und fädle sie auch auf deine Fischhalskette auf.

Kamelien-Ohrringe

DU BRAUCHST

MODELLIERMASSE

MITTELVIOLETT
(ein Stück in der Größe eines Tischtennisballs)

TÜRKISBLAU
(ein Stück in der Größe eines Tischtennisballs)

Fingerhut

zwei 7-mm-Ohrstecker oder
zwei 15-mm-Ohrklipse

Nudelholz, Küchenmesser

Zweikomponentenklebstoff

1 Rolle beide Stücke der Modelliermasse mit dem Nudelholz zu einem etwa 0,3 cm dicken Blatt aus.

2 Stich mit dem Fingerhut sechs violette und sechs blaue Scheiben aus. Schneide alle Scheiben in die Hälfte, und verbinde je eine violette mit einer blauen Scheibenhälfte. Glätte die Ränder, und forme die runden Scheiben zu Ovalen.

3 Lege jedes Oval mit der blauen Fläche nach oben und der violetten Fläche nach unten. Ritze mit dem Messer Striche von oben bis unten. Drehe die Ovale um, und ritze Striche auch in die andere Seite.

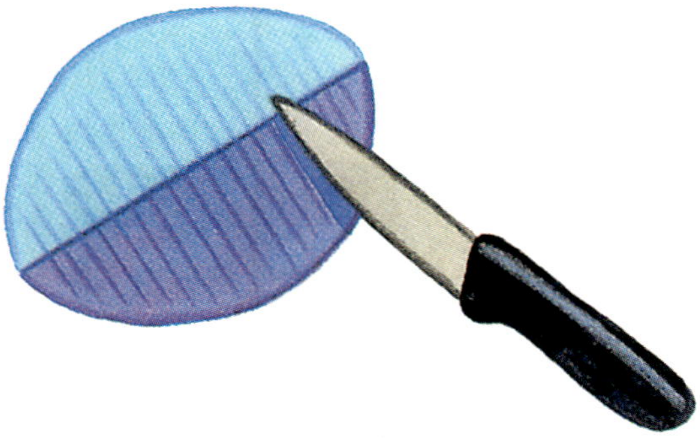

4 Um ein Blütenblatt zu formen, ziehst du ein Oval zusammen, indem du die violette Masse wie einen Fächer faltest. Siehe Abbildung.

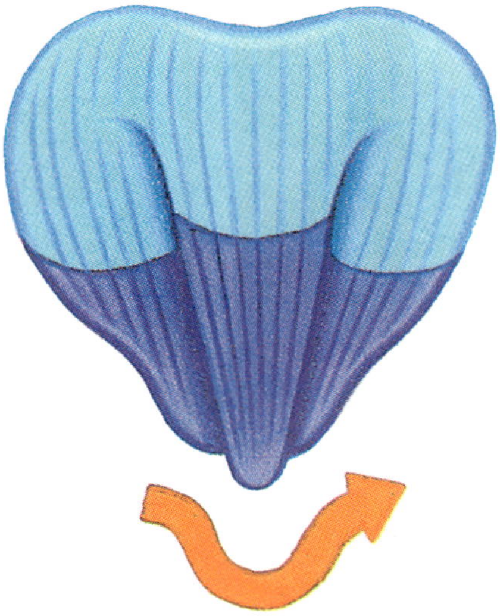

5 Nimm zwei Blütenblätter, und drücke die unteren Ränder zusammen. Sie bilden die Mitte einer Blüte. Ordne vier überlappende Blütenblätter um diese Mitte. Drücke alle unteren Enden fest zusammen, und schneide sie ab, damit die Blüte unten glatt ist.

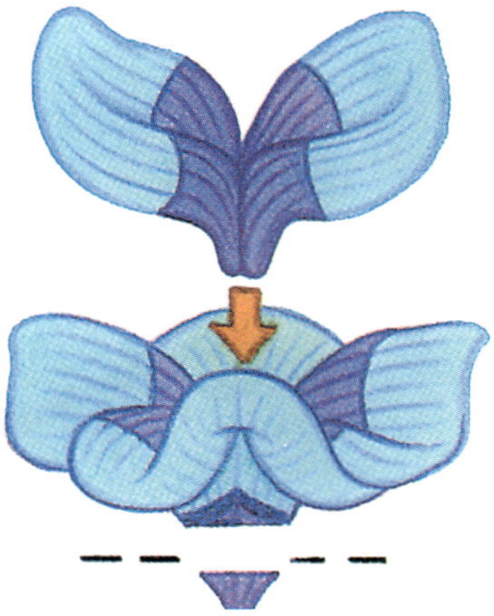

6 Lege die Kamelien auf das Backblech, und backe sie laut Gebrauchsanweisung. Sind die Kamelien ausgekühlt, klebe je einen Ohrstecker oder Ohrklips auf die Rückseite.

Regenwald-papageien-Ohrringe

DU BRAUCHST

MODELLIERMASSE

PAPAGEIENGRÜN *(eine kleine Murmel)*

LEBERBLÜMCHENBLAU *(eine kleine Murmel)*

HELLGRÜN *(zwei kleine Murmeln)*

HELLMANDARINE *(eine kleine Murmel)*

MANDARINE *(eine kleine Murmel)*

PAPAGEIENBLAU *(eine kleine Murmel)*

SONNENGELB
(zwei Stücke in der Größe eines Pfefferkorns)

Nr. 9 SCHWARZ
(zwei Stücke in der Größe eines Pfefferkorns)

---

zwei 7-mm-Ohrstecker oder
zwei 15-mm-Ohrklipse

Küchenmesser, Backblech

Zweikomponentenklebstoff

1 Lege eine hellgrüne Murmel sowie die gelbe und die schwarze Masse beiseite. Forme die restlichen Murmeln zu 0,5 cm dicke Rollen.

2 Ordne die Rollen wie abgebildet. Das Papageiengrün ist für den Kopf und das Papageienblau für den Schwanz.

3 Schneide die Rollen in zwei 1 cm × 4 cm große Rechtecke. Drücke die Rollen sanft zusammen, und forme so aus jedem Rechteck eine Kugel.

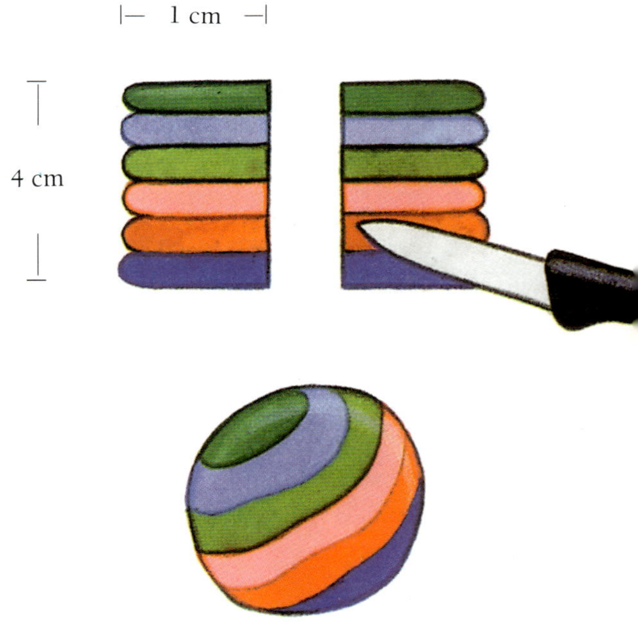

4 Nimm eine Kugel mit dem Papageiengrün oben und dem Papageienblau unten, und drücke sie zwischen Daumen und Zeigefinger flach. Alle sechs Farben sollten sichtbar bleiben.

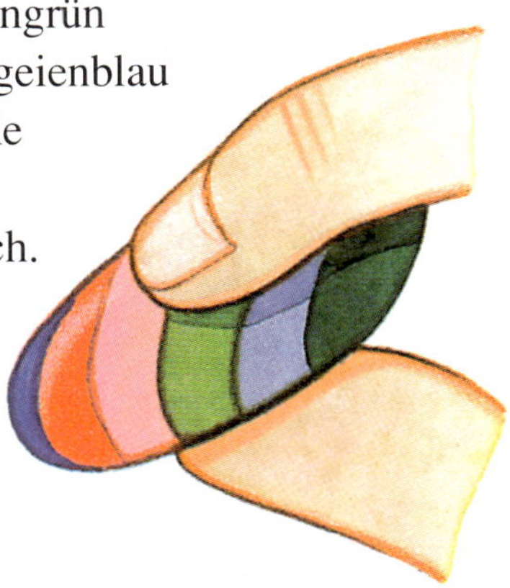

5 Für den Kopf drücke den papageiengrünen Teil der Kugel leicht, und forme ihn wie abgebildet. Wiederhole dies mit der zweiten Kugel, und forme den zweiten Papagei so, daß er in die entgegengesetzte Richtung des ersten Papageis sieht.

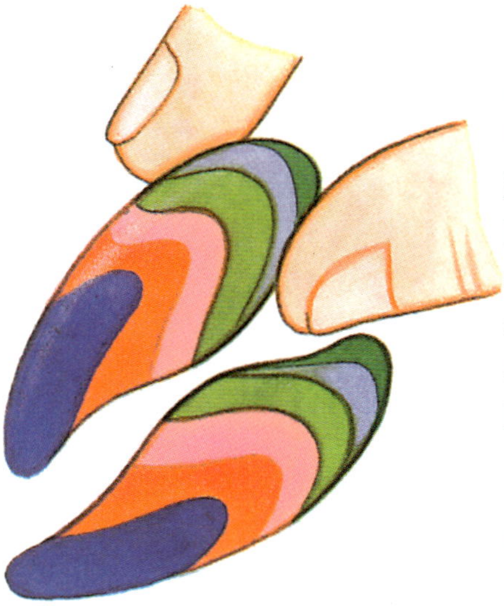

6 Für die Schnäbel forme das verbliebene Stück der hellgrünen Masse zu einer 0,5 cm dicken Rolle. Schneide zwei dünne Scheiben ab, drücke sie etwas flach, glätte die Ränder, und drücke sie auf die Köpfe. Für den geöffneten Schnabel schneide einen kleinen Keil aus jeder Scheibe.

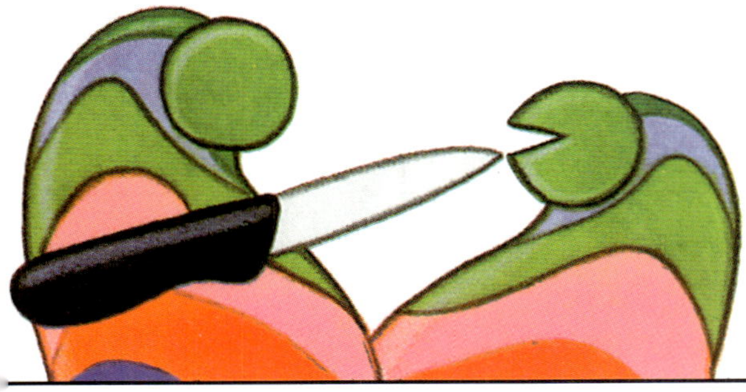

7 Für die Flügel schneide zwei 1 cm lange Stücke der hellgrünen Rolle ab. Gib jedem Stück die Form eines Tropfens. Ritze mit dem Messer Striche, die an der Spitze des Flügels zusammenlaufen. Befestige an jedem Papagei einen Flügel, wie abgebildet.

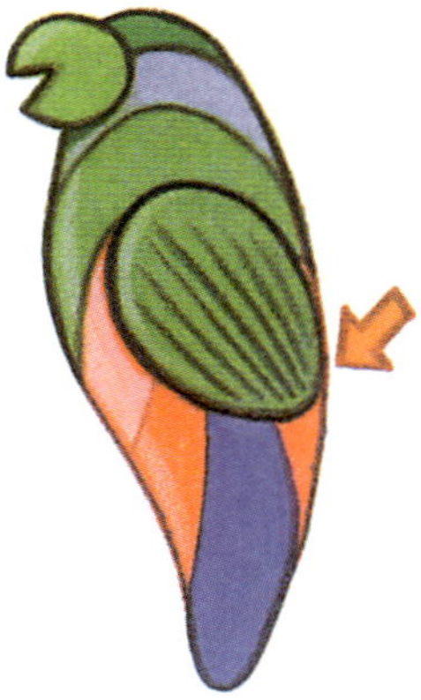

8 Um den Schwanz fertigzustellen, forme eine dünne, gleichmäßige Rolle aus der hellgrünen Masse. Schneide zwei 1,5 cm lange und zwei 2 cm lange Stücke ab. Das etwas längere Stück kommt auf die Innenseite desSchwanzes und das etwas kürzere Stück auf die Außenseite. Drücke sie leicht nieder.

9 Für die Augen drücke je einen gelben Punkt auf den Kopf und dann je einen kleineren schwarzen Punkt in die Mitte des gelben.

10 Lege die Papageien auf das Backblech, und backe sie laut Gebrauchsanweisung. Sind die Papageien ausgekühlt, klebe je einen Ohrstecker auf die Rückseite des Kopfes.

Kapitel vier

BLÜTEN-BLÄTTER AUS SCHEIBEN

Broschen, Ohrringe, Schuhklipse – wenn du lernst, wie man aus Scheiben Blütenblätter formt, kannst du viele wunderschöne Blumen und Schmuckstücke anfertigen.

Kallablüten-Ohrringe

DU BRAUCHST

MODELLIERMASSE

DUNKELROSA
(zwei Stücke in der Größe einer Erbse)

MITTELROSA
(zwei Stücke in der Größe einer Erbse)

HELLROSA
(zwei Stücke in der Größe einer Erbse)

HELLGRÜN
(vier Stücke in der Größe einer Erbse)

---

zwei 7-mm-Ohrstecker oder
zwei 15-mm-Ohrklipse

Küchenmesser, Backblech,

Zweikomponentenklebstoff

1 Für die Blütenblätter drückst du zuerst beide rosa Kugeln flach und formst sie zu glatten, runden Scheiben. Jede Scheibe sollte etwa 2 cm im Durchmesser sein (oder so groß wie ein Ein-Mark- Stück oder ein Fünf-Schilling-Stück).

2 Um ein Blütenblatt zu formen, biegst du eine Seite der Scheibe zur Mitte und legst dann die zweite Seite darüber.

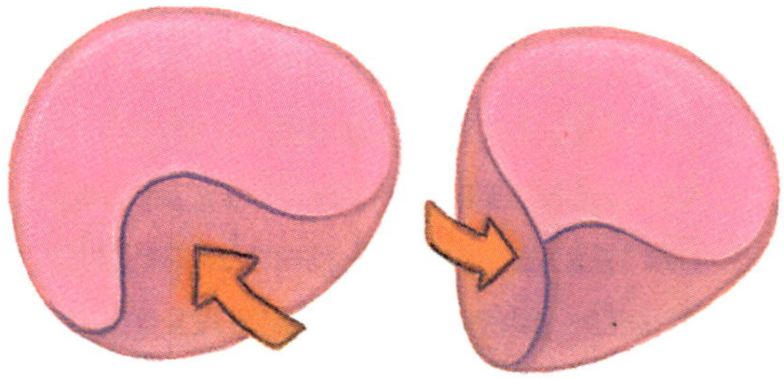

3 Für die Blätter drückst du die grünen Kugeln flach und formst sie dann zu flachen Ovalen. Die fertigen Blätter sollten etwa 2 cm × 1 cm groß sein. Ritze mit dem Messer Striche auf die Blätter, wie abgebildet. Biege die Blätter entlang der Mittellinie leicht nach innen.

4 Für eine Blume nimm je ein hellrosa, ein mittelrosa und ein dunkelrosa Blütenblatt, und drücke sie am unteren Ende leicht zusammen. Die eingerollte Seite sollte in der Mitte sein.

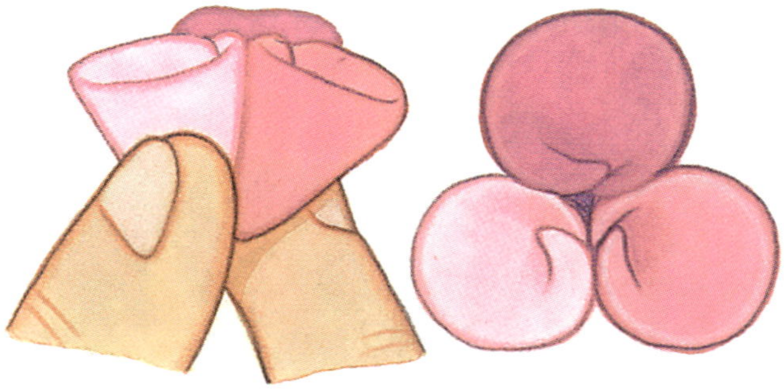

5 Füge zwei grüne Blätter hinzu, sodaß sie zwischen zwei Blütenblättern hervorschauen, und drücke sie an den unteren Teil der Blume. Schneide den unteren Teil ab, damit die Blume unten glatt ist.

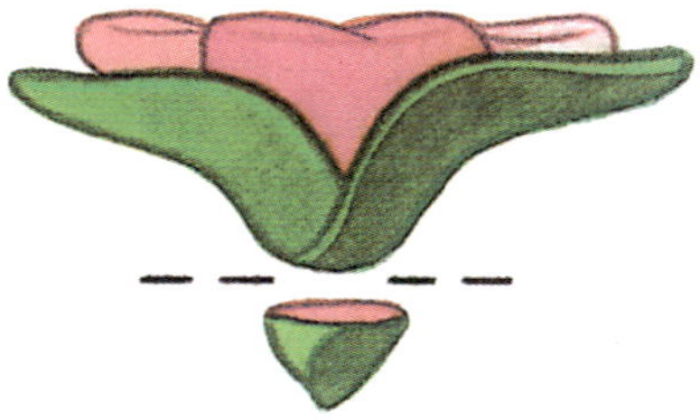

6 Lege die Kallablüten auf das Backblech, und backe sie laut der Gebrauchsanweisung. Sind die Blüten ausgekühlt, klebe einen Ohrstecker oder einen Ohrklips auf die Unterseite.

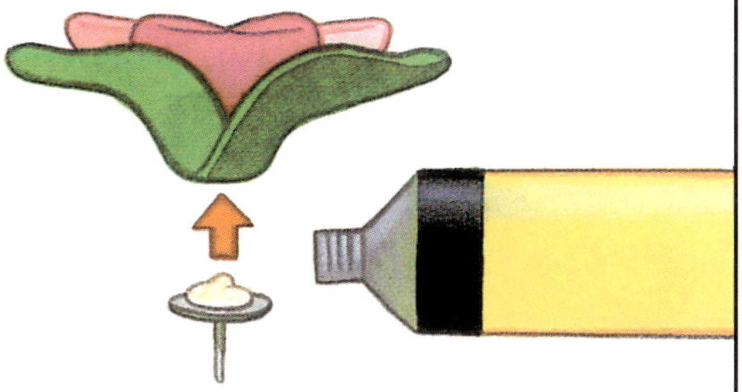

Blumen-Haarspange

DU BRAUCHST

MODELLIERMASSE

TÜRKISGRÜN

(eine große Murmel und zwei Stücke in der Größe einer Erbse)

HELLVIOLETT

(vier Stücke in der Größe einer Erbse)

MITTELVIOLETT

(vier Stücke in der Größe einer Erbse)

DUNKELVIOLETT

(vier Stücke in der Größe einer Erbse)

---

eine 4-mm-Stricknadel

eine 7 cm lange Haarspange

Küchenmesser, Backblech

Zweikomponentenklebstoff

1 Für die Blattunterlage forme das murmelgroße Stück der grünen Masse zu einem länglichen, spitzen Blatt, etwa 9 cm × 1,5 cm groß und 0,3 cm dick. Ritze mit dem Messer Striche darauf, wie abgebildet.

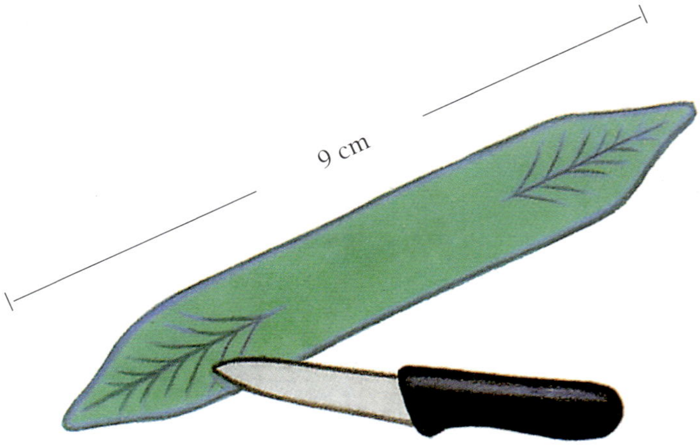

2 Für die Blütenblätter forme die violetten Kugeln zu glatten, flachen Ovalen, die 3 cm × 1,5 cm groß sein sollten. Um aus den Ovalen Blütenblätter zu machen, falte jedes zu einem Fächer, wie abgebildet.

3 Für eine Blüte nimmst du vier Blütenblätter der gleichen Farbe und drückst sie unten zusammen. Schneide den Unterteil ab, damit die Unterseite der Blüte glatt ist.

4 Um die Blume zusammenzustellen, nimmst du die dunkelviolette Blüte und legst sie auf die Blattunterlage etwa 2,5 cm vom Ende entfernt. Befestige sie auf dem Blatt, indem du sie mit der Spitze der Stricknadel zwischen den Kräuseln hinunterdrückst. Lege die mittelviolette Blüte neben die erste Blüte auf das Blatt, und befestige sie auf dieselbe Art. Mache es ebenso mit der hellvioletten Blüte.

5 Für die Blätter an jedem Ende der Spange drücke jeweils ein erbsengroßes Stück der grünen Masse flach, und forme es zu einem Blatt. Ritze mit dem Messer Striche auf jedes Blatt, wie abgebildet. Biege jedes Blatt entlang der Mittellinie leicht nach innen, und drücke ein Ende zusammen.

6 Lege die Blumenreihe auf die Spange, sodaß sie die gekrümmte Form der Spange während des Backens annehmen kann.

7 Lege die Blumen-Haarspange auf das Backblech, und backe sie laut Gebrauchsanweisung. Ist die Blumen-Haarspange ausgekühlt, klebe sie auf die Haarspange.

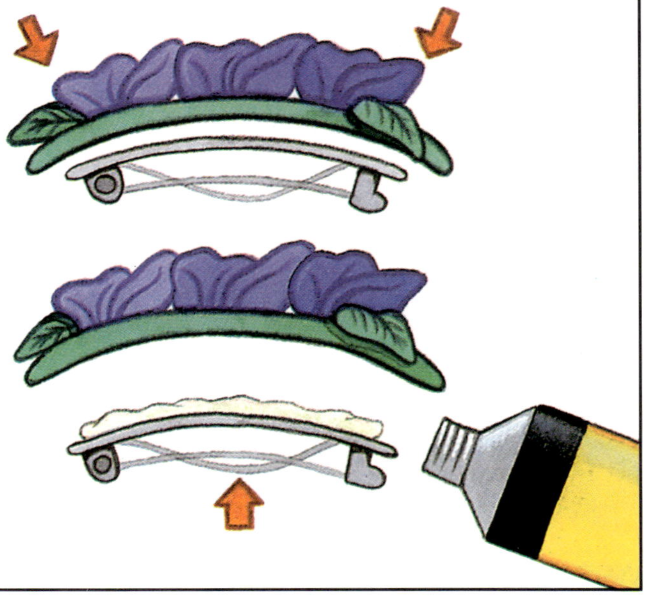

Rosen-Schuhklipse

DU BRAUCHST

MODELLIERMASSE

Nr. 29 KARMINROT

(elf Stücke in der Größe einer Erbse)

SMARAGDGRÜN

(vier Stücke in der Größe einer Erbse)

---

eine 4-mm-Stricknadel

zwei Schuhklipse

Küchenmesser, Backblech

Zweikomponentenklebstoff

1 Für die Blütenblätter nimm zehn der elf Kugeln der roten Masse, und forme sie zu glatten, regelmäßigen Scheiben. Sechs der Scheiben sollten 2,5 cm im Durchmesser sein (oder etwa so groß wie ein Zwei-Mark-Stück oder ein Zehn-Schilling-Stück). Vier Scheiben sollten 2 cm im Durchmesser sein (oder etwa so groß wie ein Ein-Mark-Stück oder ein Fünf-Schilling-Stück).

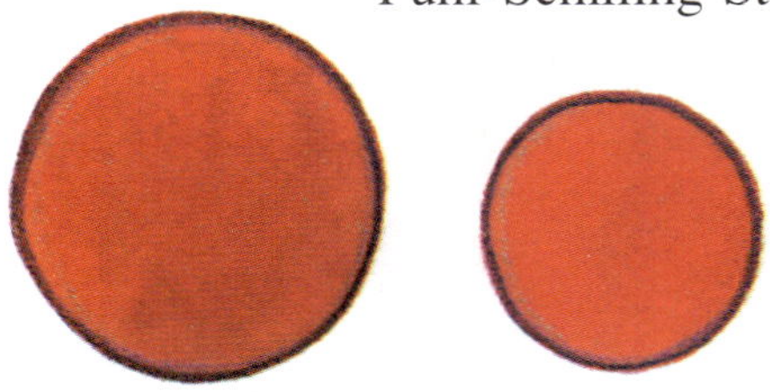

2 Lege eine Scheibe auf deine Handfläche, und drücke mit dem Zeigefinger auf die Mitte, um die Scheibe wie eine Schüssel zu vertiefen. Drücke dann eine Seite der Scheibe zusammen, um einen Stengel zu formen. Halte den Stengel in der einen Hand, und ziehe mit Daumen und Zeigefinger der anderen Hand beide Seiten der Blütenscheibe zu einer abgerundeten Spitze, wie abgebildet.

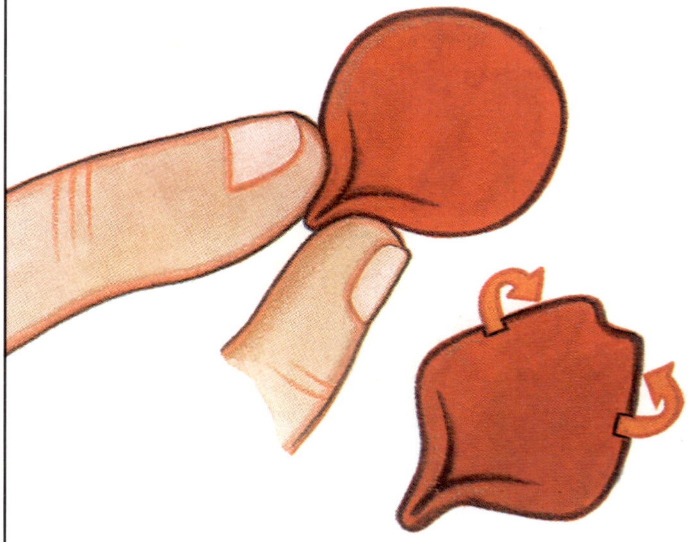

3 Für die Knospen in der Mitte schneide die letzte rote Kugel entzwei. Forme aus jeder Hälfte eine Kugel, ziehe sie in die Länge, und spitze ein Ende zu. Drücke das andere Ende zusammen, um einen Stengel zu formen.

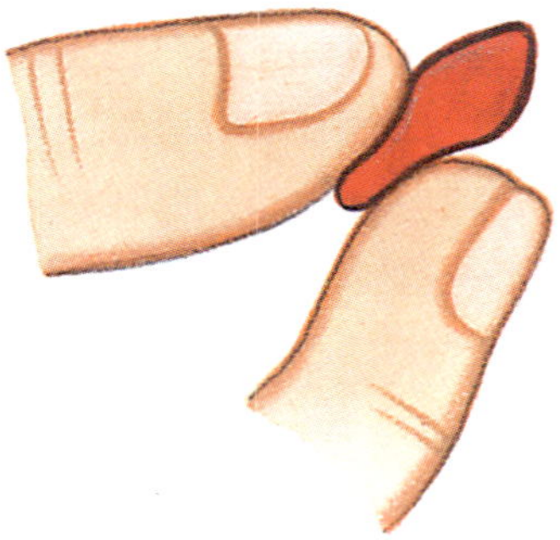

4 Für eine Rose stecke zwei der kleineren Blütenblätter um die Mittelknospe. Lege drei der größeren Blütenblätter in gleichmäßigen Abständen um den unteren Teil der kleineren Blütenblätter. Drücke die Blätter unten leicht zusammen.

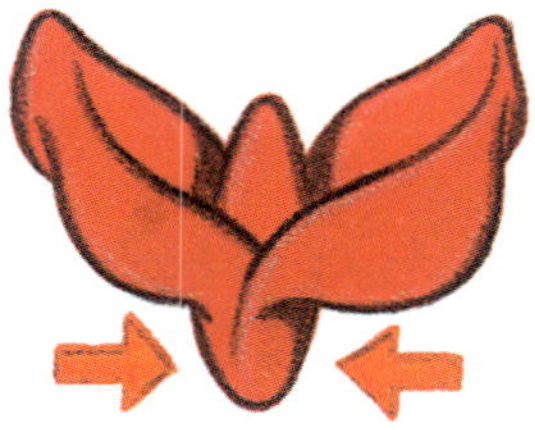

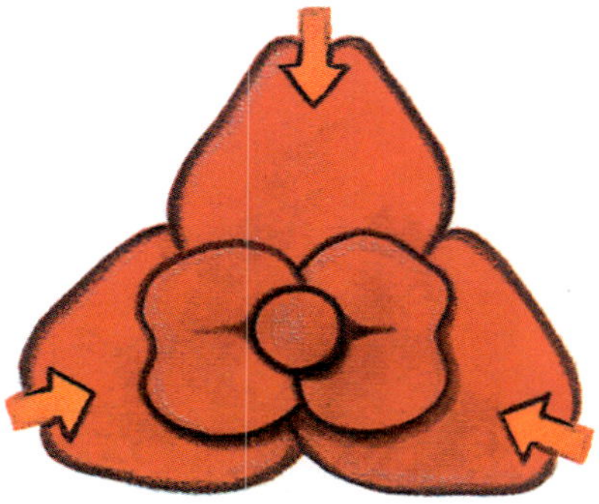

5 Für die Blätter formst du die grünen Kugeln zu 2 cm × 1,5 cm großen Ovalen. Ritze mit dem Messer für die Blattadern Striche darauf, wie agebildet. Biege die Blätter entlang der Mittellinie leicht nach innen.

6 Befestige zwei Blätter so an jeder Rose, daß sie zwischen zwei äußeren Blütenblättern hervorschauen. Schneide den unteren Teil der Rosen ab, damit die Unterseiten glatt sind.

7 Lege die Rosen auf das Backblech, und backe sie laut Gebrauchsanweisung. Sind die Rosen ausgekühlt, klebe je einen Schuhklips auf die Unterseite.

Sträußchen-Brosche

DU BRAUCHST

MODELLIERMASSE

PAPAGEIENBLAU *(eine große Murmel)*

LEBERBLÜMCHENBLAU *(eine große Murmel)*

MITTELVIOLETT *(eine große Murmel)*

TÜRKISGRÜN *(eine große Murmel)*

---

eine 4-mm-Stricknadel

eine Broschennadel

Küchenmesser, Backblech

Zweikomponentenklebstoff

1 Drücke die papageienblaue, die leberblümchenblaue und die mittelviolette Modelliermasse zu flachen Streifen, je etwa 1,5 cm breit und 15 cm lang.

2 Für jede Blüte falte den Streifen wie einen Fächer, und drücke dabei die Falten am unteren Ende leicht zusammen. Jede Falte sollte etwa 0,5 cm breit sein. Kräusle den Rüschenstreifen, wie abgebildet, um eine Blüte zu bilden. Für das Sträußchen drücke die Blüten am unteren Ende zusammen.

3 Für die Blätter forme die grüne Modelliermasse zu einer 3 cm langen Rolle, und schneide sie in drei gleiche Stücke. Drücke diese flach, und mache die Enden spitz. Ritze mit dem Messer für die Blattadern Striche auf die Blätter, wie abgebildet. Biege die Blätter entlang der Mittellinie leicht nach innen.

4 Befestige alle drei Blätter am unteren Ende der Blüten. Schneide das Sträußchen unten ab, damit die Unterseite glatt ist.

5 Lege das Sträußchen auf das Backblech, und backe es laut Gebrauchsanweisung. Ist das Sträußchen ausgekühlt, klebe die Broschennadel auf die Rückseite.

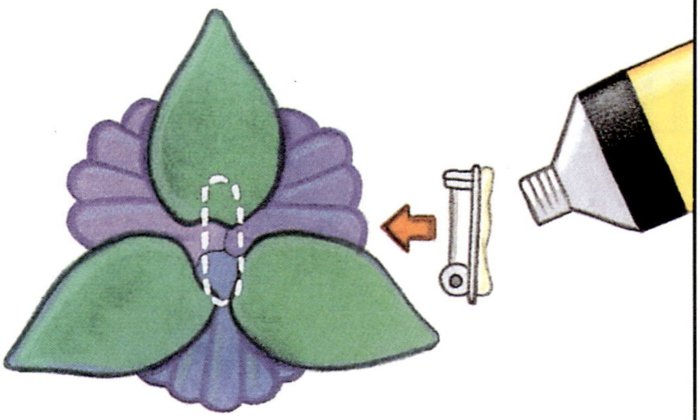

WEITERE VORSCHLÄGE

Mache Ohrringe, die zu deiner Brosche passen. Nimm zwei erbsengroße Stücke mittelviolette Masse, und drücke sie zu flachen Streifen, je 1 cm breit und 4,5 cm lang. Falte jeden Streifen fächerartig, und drücke die Falten unten leicht zusammen. Kräusle den Streifen zu einer Blüte. Für die Blätter schneide ein Stück türkisgrüne Masse in der Größe einer kleinen Murmel in vier Teile, und forme sie wie in Schritt 3 beschrieben. Befestige zwei Blätter am Stengelansatz jeder Blüte, und schneide die Unterseite glatt. Backe die Blüten, und klebe Ohrstecker darauf, wenn sie ausgekühlt sind.

Kapitel fünf

HAND-GEFORMTE SCHMUCK-STÜCKE

Für die Schmuckstücke in diesem Kapitel brauchst du weder Schablonen noch Keksformen. Du kannst schöne Ohrringe, Broschen, Ringe und Halsketten mit bloßen Händen formen.

Seestern- und Muschel-Ohrringe

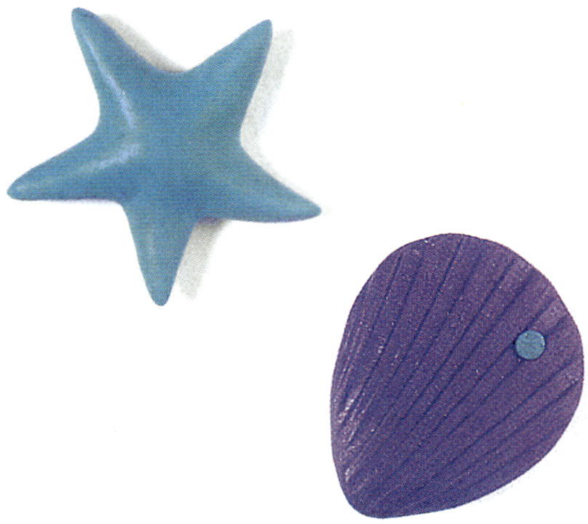

DU BRAUCHST

MODELLIERMASSE

MITTELVIOLETT
(eine kleine Murmel)

TÜRKISBLAU
(eine kleine Murmel)

---

eine Muschel

zwei 7-mm-Ohrstecker oder
zwei 15-mm-Ohrklipse

Küchenmesser, Backblech

Zweikomponentenklebstoff

1 Für die Muschel drücke die violette Masse flach, und forme sie zu einem Tropfen. Lege die Masse auf die echte Muschel, und drücke sie fest darauf, bis sie die Musterung der Muschel annimmt. Ziehe die Modelliermasse vorsichtig ab. Sollte sie kleben, kratze sie herunter, reibe die Muschel mit Speiseöl ein, und versuche es noch einmal.

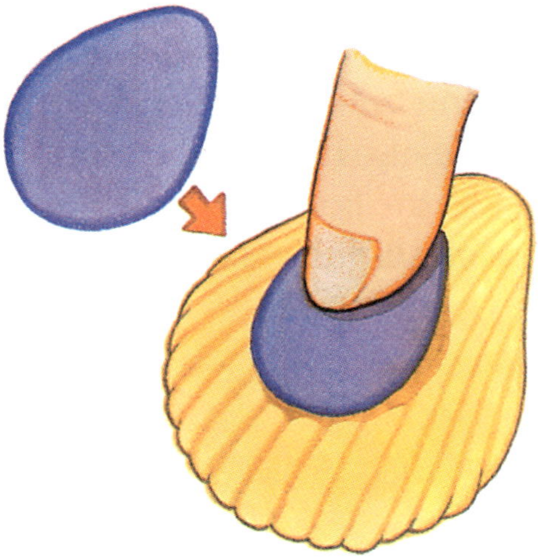

2 Für die winzige Perle lege einen Punkt der blauen Masse auf den unteren Teil der Muschel. Drücke mehrmals mit der Messerspitze darauf, damit die Oberfläche wie echt aussieht.

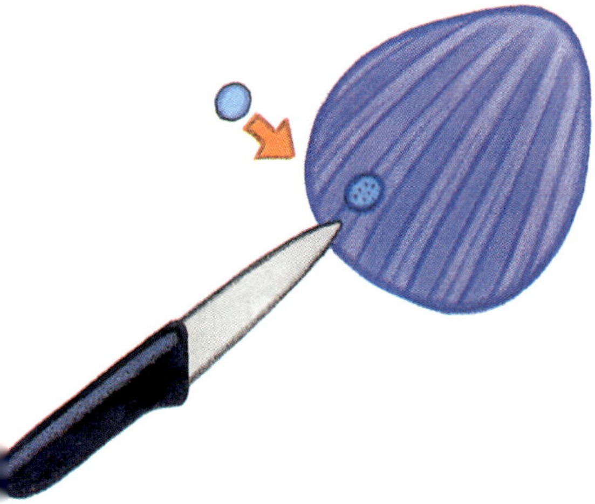

3 Für den Seestern forme aus der blauen Modelliermasse eine Kugel, und drücke sie flach, bis du eine Scheibe von ca. 2 cm Durchmesser hast. Schneide mit dem Messer fünf Keile weg, wie abgebildet. Glätte die Ränder des Seesterns.

4 Lege die Stücke auf das Backblech, und backe sie laut Gebrauchsanweisung. Sind die Stücke ausgekühlt, klebe einen Ohrstecker oder einen Ohrklips auf die Rückseite.

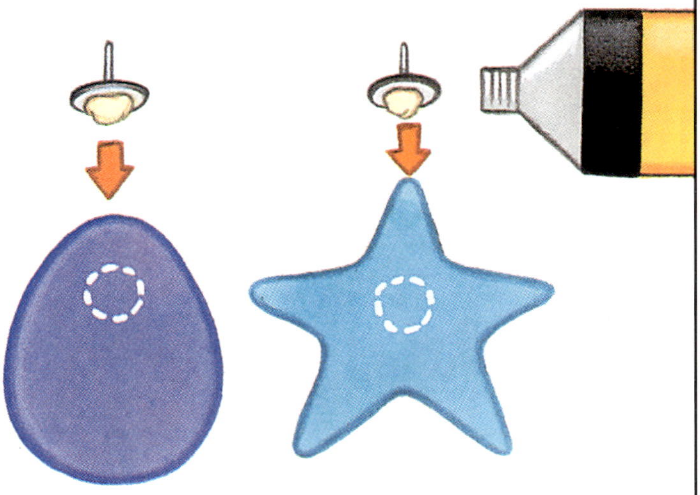

Marienkäfer-Ring

DU BRAUCHST

MODELLIERMASSE

Nr. 29 KARMINROT *(zwei kleine Murmeln)*

Nr. 9 SCHWARZ
(ein Stück in der Größe einer Erbse)

Nr. 0 WEISS
(zwei Stücke in der Größe eines Pfefferkorns)

Küchenmesser, Backblech

Zweikomponentenklebstoff

1 Für den Körper forme aus der roten Kugel ein Oval, etwa 2 cm lang, 1,5 cm breit und 1 cm dick.

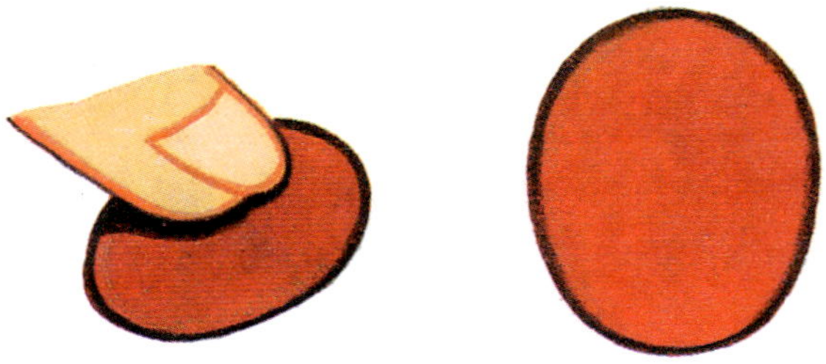

2 Schneide die schwarze Masse in die Hälfte. Forme für den Kopf eines der Stücke zu einem flachen, halben Oval. Lege es auf ein Ende des Körpers, drücke es rundherum fest, und glätte es.

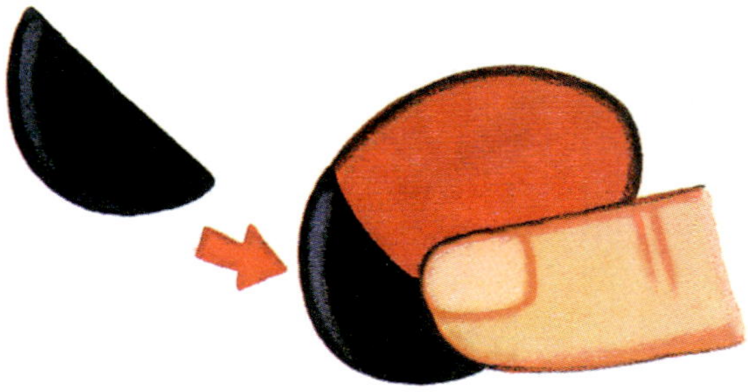

3 Für die Verzierung des Körpers forme aus der restlichen schwarzen Masse eine dünne Rolle. Lege die Rolle in die Mitte des Rückens, und schneide, was zu lang ist, ab. Mache zehn Punkte aus dem Rest der schwarzen Masse, und drücke sie auf den Körper.

4 Für die Augen gib zwei weiße Punkte auf den Kopf.

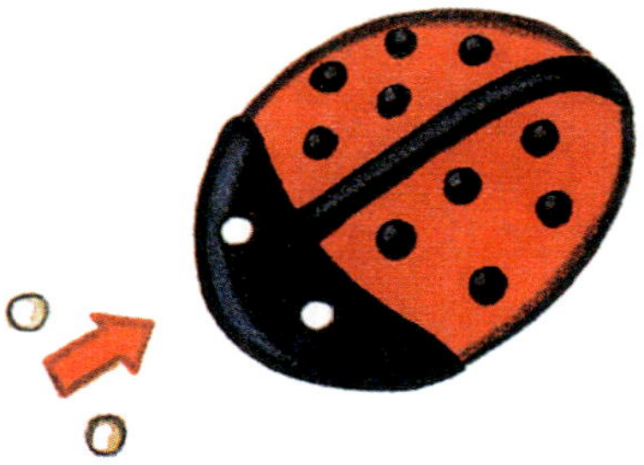

5 Um den Ring anzufertigen, forme den Rest der roten Masse zu einer 0,3 cm dicken Rolle. Wickle sie um den Finger, auf dem du den Ring tragen möchtest. Mache die Rolle 0,5 cm länger als deinen Fingerumfang. Forme die Rolle zu einem Ring, wobei die Enden überlappen sollten. Drücke die Enden leicht zusammen, um eine glatte Fläche für das Ankleben des Marienkäfers zu bekommen.

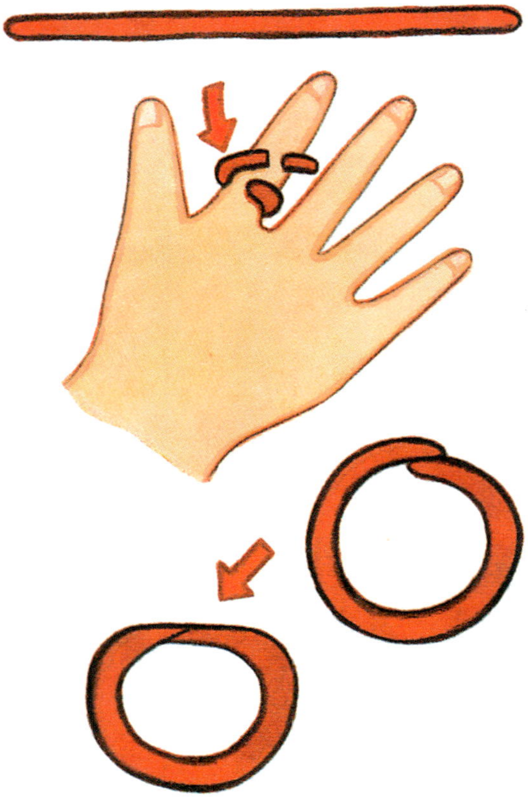

6 Lege die Stücke auf das Backblech, und backe sie laut Gebrauchsanweisung. Sind die Stücke ausgekühlt, klebe den Marienkäfer auf den Ring.

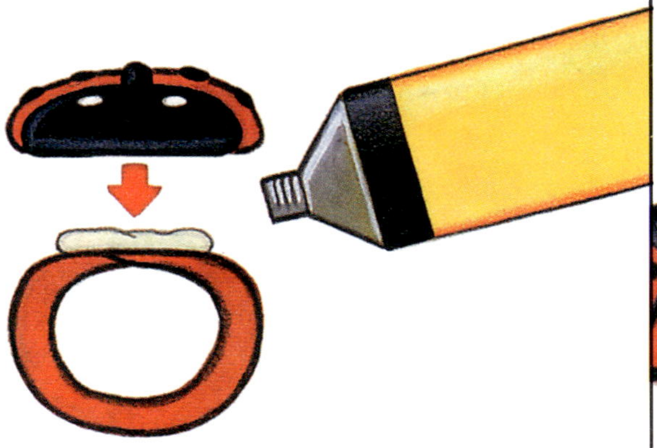

WEITERE VORSCHLÄGE

Marienkäfer eignen sich auch besonders gut für Ohrringe, Broschen und Halsketten. Für Ohrringe mache zwei Marienkäfer, wie in den Schritten 1 bis 4 beschrieben. Backe die Stücke, und wenn sie ausgekühlt sind, klebe einen 7-mm-Ohrstecker oder einen 15-mm-Ohrklips auf die Unterseite jedes Marienkäfers. Für Broschen folge den Schritten 1 bis 4, und backe die Stücke. Wenn sie ausgekühlt sind, klebe eine kleine Broschennadel auf die Unterseite jedes Marienkäfers. Du kannst auch einen größeren Marienkäfer mit einer Schlinge versehen und ihn zusammen mit Perlen auf eine Halskette auffädeln. Siehe Seite 7.

Kirschen-Ohrringe

DU BRAUCHST

MODELLIERMASSE

Nr. 29 KARMINROT
(vier kleine Murmeln)

Nr. 71 BRONZE
(zwei kleine Murmeln)

HELLGRÜN
(zwei kleine Murmeln)

SMARAGDGRÜN
(zwei kleine Murmeln)

---

vier 7-mm-Verbindungsringe

zwei 7-mm-Ohrstecker oder

zwei 15-mm-Ohrklips

große Nähnadel, Küchenmesser, Backblech

Zweikomponentenklebstoff

Spitzzange/Flachzange

1 Verwende für die Kirschen die vier Kugeln der roten Modelliermasse. Drücke jede flach, aber mache die Mitte dicker als den Rand. Um die Kirschen rund aussehen zu lassen, lege sie auf deine Handfläche, und drücke sie mit dem Zeigefinger in der Mitte nieder, um ihnen eine leichte Schalenform zu geben.

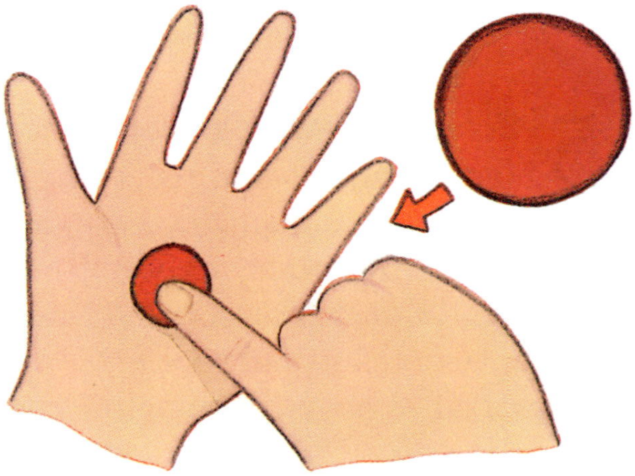

2 Für die Stengel forme aus jedem Stück der bronzenen Modelliermasse eine dicke Rolle von 7 cm Länge. Forme aus jeder Rolle ein auf den Kopf gestelltes V, und drücke die Mitte leicht zusammen.

3 Um den Ohrring anzufertigen, gib eine Kirsche mit der gewölbten Seite nach oben auf den linken Stengel. Lege die zweite Kirsche etwas überlappend auf die erste Kirsche und den anderen Stengel, und drücke sie leicht an. Fertige den zweiten Ohrring genauso an, wobei du diesmal aber die linke Kirsche über die rechte legst. Rückansicht

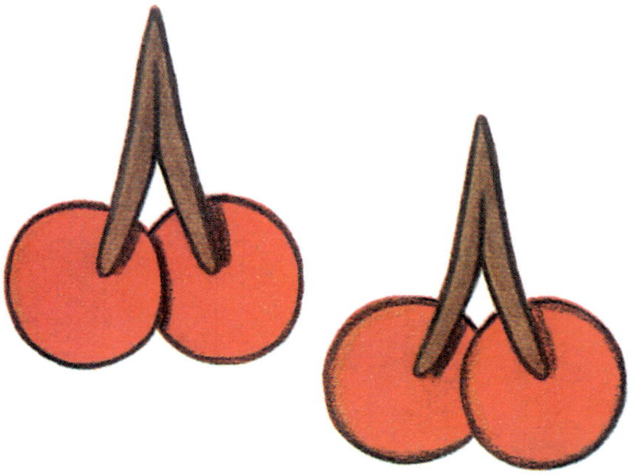

4 Für die Blätter schneide die Kugeln der grünen Modelliermasse in die Hälfte, und forme aus jedem Stück eine Kugel. Drücke die Kugeln flach, und forme sie zu Ovalen. Ritze für die Blattadern mit dem Messer Striche auf die Blätter.

5 Biege jedes Blatt entlang der Mittellinie leicht nach innen, und drücke ein Ende des Blattes zusammen. Um vier Blätterpaare anzufertigen, verbinde je ein smaragdgrünes und je ein hellgrünes Blatt, und drücke ihre Enden aneinander.

6 Lege ein Blattpaar über den Stengelansatz, sodaß die zusammengefügten Blätterenden am Stempel oben sind und die Blätterspitzen auf den Kirschen. Drücke die Blätter leicht an. Stich mit der Nadel durch das obere Ende des Stengels.

7 Für die Blätterauflagen stich mit der Nadel durch die zusammengefügten Enden der restlichen zwei Blattpaare.

8 Lege die Stücke auf das Backblech, und backe sie laut Gebrauchsanweisung. Sind die Stücke ausgekühlt, verbinde jedes Kirschenpaar mit einer Blätterauflage, und drücke die Verbindungsringe mit der Spitzzange/Flachzange zusammen. Klebe einen Ohrstecker oder einen Ohrklips auf die Rückseite jeder Blattauflage.

Clown-Brosche

DU BRAUCHST

MODELLIERMASSE

Nr. 29 KARMINROT
(drei Stücke in der Größe einer Erbse)

TÜRKISGRÜN
(vier Stücke in der Größe einer Erbse)

Nr. 37 BLAU *(eine kleine Murmel und zwei Stücke in der Größe eines Pfefferkorns)*

SONNENGELB
(zwei Stücke in der Größe einer Erbse)

DUNKELROSA *(drei Stücke in der Größe einer Erbse und zwei Stücke in der Größe eines Pfefferkorns)*

MITTELVIOLETT *(ein Stück in der Größe einer Erbse)*

HAUTFARBEN *(eine kleine Murmel)*

---

eine Broschennadel, Küchenmesser, Backblech

Zweikomponentenklebstoff

1 Für die Hose nimm je ein rotes, blaues, gelbes und grünes erbsengroßes Stück, und forme 1,5 cm lange Rollen. Drücke die rote und die blaue Rolle zusammen, um ein Hosenbein zu formen. Drücke die gelbe und die grüne Rolle zusammen, um das andere Hosenbein zu machen. Forme jedes Hosenbein zu einem glatten, flachen Oval. Es sollte von jeder Farbe gleich viel sichtbar sein. Lege die Hosenbeine im Schritt überlappend aneinander. Ritze mit dem Messer senkrechte Striche auf die Hose.

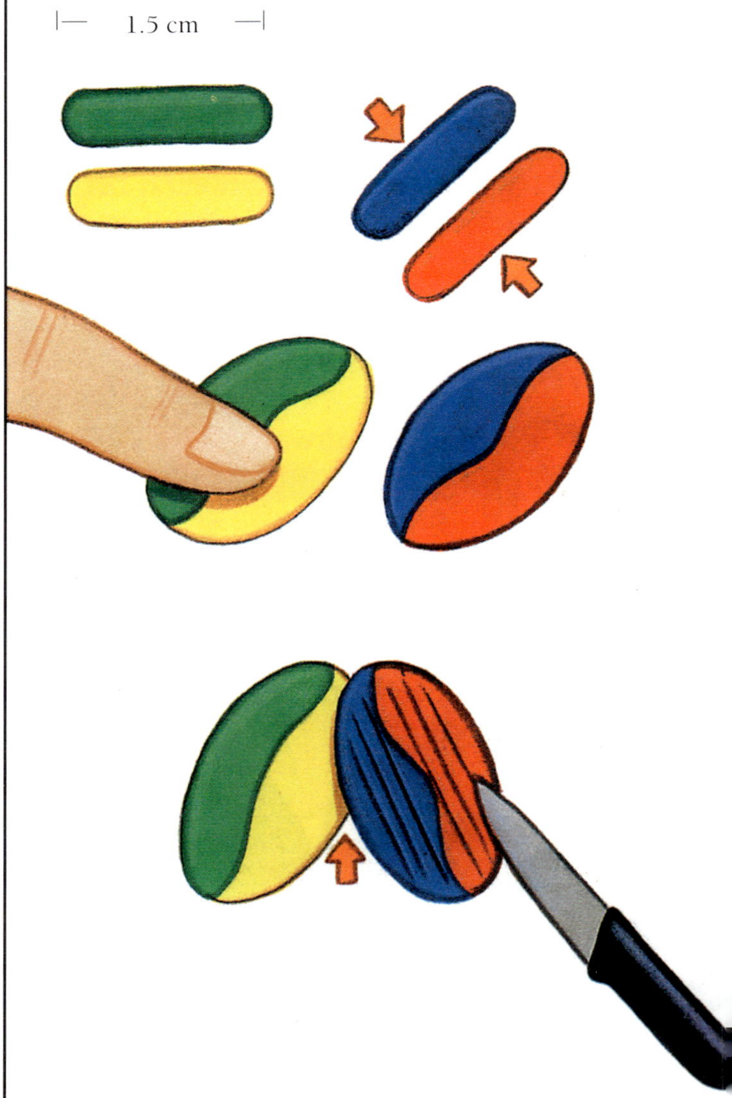

2 Für die Ärmel nimm je ein erbsengroßes Stück rote und grüne Modelliermasse. Forme beide zu einer Glocke. Drücke sie mit den schmalen Ende ans obere Ende der Hose, wie abgebildet.

3 Für den Kragen schneide die violette Kugel in fünf gleiche Stücke. Forme jedes Stück zu einem länglichen Oval mit spitzen Enden. Lege die Stücke auf das obere Ende der Ärmel, wie abgebildet. Schneide fünf Stücke der grünen Masse ab, und drücke sie als Pommel an die Kragenspitzen.

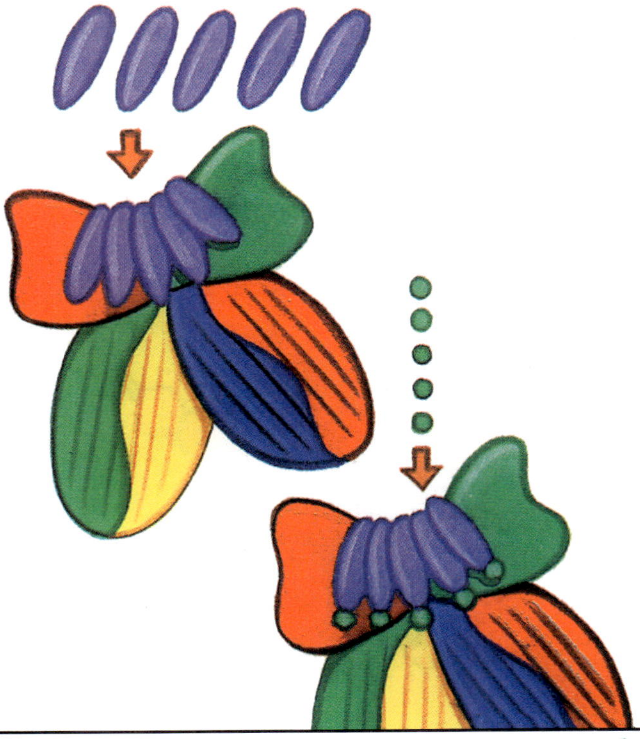

4 Für den Kopf forme die hautfarbene Masse zu einer etwa 2,5 cm langen Rolle. Schneide ein 0,5 cm langes Stück ab, rolle es zu einer Kugel, und forme diese zu einem Oval. Bringe das Oval so an, daß es auf dem Kragen aufliegt, und drücke es leicht an. Für die Augen bringe die zwei blauen Punkte auf halber Höhe des Gesichtes an und einen roten Punkt für die Nase darunter. Forme für den Mund eine kleine Kugel roter Masse zu einer dünnen Linie, biege sie, und bringe sie unterhalb der Nase an. Lege je einen rosa Punkt auf beide Seiten des Mundes für die Wangen.

5 Für die Hände schneide zwei 0,3 lange Stücke der hautfarbenen Rolle ab. Forme jedes Stück wie abgebildet. Schneide einen Schlitz, der etwa ein Drittel des Ovals vom Rest trennt, um Daumen und Finger anzudeuten, und glätte die Ränder. Schiebe eine Hand unter jeden Ärmel.

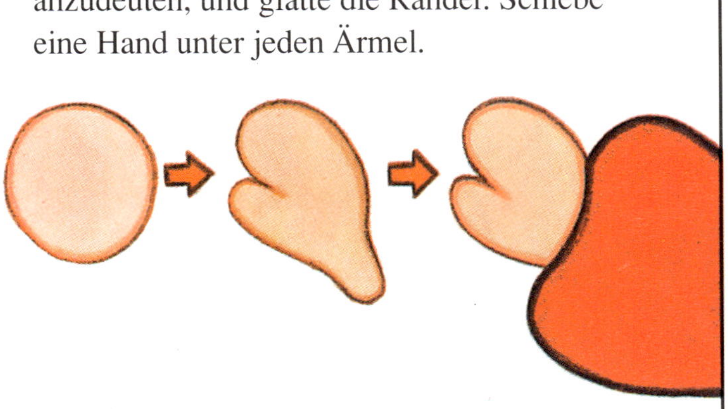

6 Für die Schuhe forme zwei Kugeln der rosa Masse wie abgebildet. Schiebe jeden Schuh unter ein Hosenbein, und drücke sie leicht fest. Rolle zwei gelbe Punkte für die Pommel.

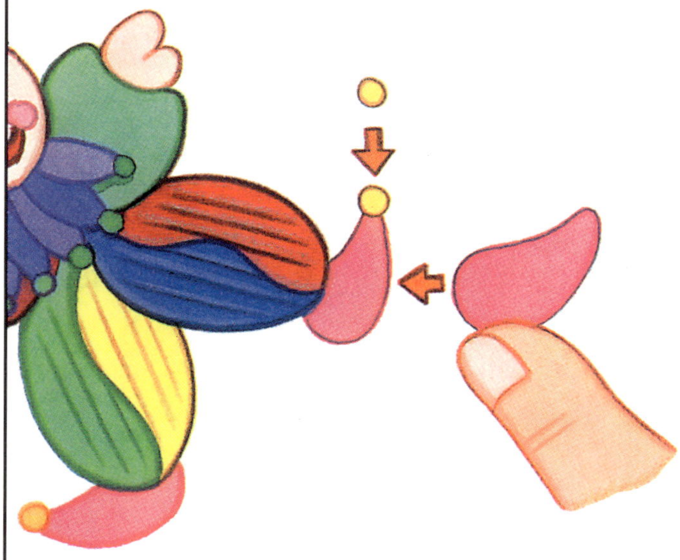

7 Für die Hutrüsche forme eine rosa Kugel zu einem 5 cm × 1 cm großen Rechteck. Falte das Rechteck fächerartig, wie abgebildet. Drücke die Rüsche leicht auf den Kopf.

8 Für den Hut nimm eine grüne Kugel, forme sie zu einem dicken Tropfen, wie abgebildet, und lege ihn auf die rosa Rüsche. Forme einen gelben Punkt für den Pommel, und drücke ihn auf die Hutspitze.

WEITERE IDEEN

Versuche, eine Clown-Halskette zu machen. Siehe auf den Seiten 6 und 7 nach, wie man eine Schlinge auf der Rückseite von Kopf und Hut anbringt, wie man Perlen und einen Schnurabschluß macht (verwende dieselben Farben wie für den Clown) und wie man eine Halskette auffädelt. Eine türkisfarbene Satinschnur würde zu diesen Farben ganz toll aussehen.